Refugio
del abuso

Sanidad y esperanza

para mujeres abusadas

Nancy Clark *y* Catherine Kroeger

CARIBE-BETANIA
Una División de Thomas Nelson Publishers
The Spanish Division of Thomas Nelson Publishers
Since 1798 — desde 1798

Caribe-Betania Editores es un sello de Editorial Caribe, Inc.
© 2005 Editorial Caribe, Inc.
Una subsidiaria de Thomas Nelson, Inc.
Nashville, TN, E.U.A.
www.caribebetania.com

Título en inglés: *Refuge from Abuse*
© 2004 por *Nancy Nason Clark y Catherine Clark Kroeger*
Publicado por InterVarsity Press

ISBN 978-1-60255-251-7

Traducción: *Galen y Joan Yorba-Gray*

Diseño interior: *Grupo Nivel Uno, Inc.*

Impreso en E.U.A.

Printed in the U.S.A.

Índice

El camino hacia la esperanza 5

1. ¿Cómo puedo saber si necesito ayuda? 11
2. ¿Cuánto debo contar de mi historia? 29
3. ¿Dónde busco apoyo espiritual? 45
4. ¿Qué clase de ayuda puedo hallar en la comunidad?............63
5. ¿Cómo emprendo el camino hacia la sanidad? 87
6. ¿Cuáles son los pasos que puedo dar para seguir
   adelante con mi vida? 105
7. ¿Cómo puedo entender qué clase de ayuda necesita
   mi abusador? 125
8. ¿Cómo aprendo a confiar en Dios otra vez? 147

Apéndice 1:
   Sanidad para los maridos abusados 163

Apéndice 2:
   El patrón de Dios para la seguridad y la paz en la
   vida hogareña 165

Apéndice 3:
   Algunas sugerencias para la alabanza que sana 171

Notas 181

Acerca de las autoras 189

El camino hacia la esperanza

EL ABUSO ES FEO. SIEMPRE ES MALO. El maltrato nunca es parte del plan de Dios para la vida saludable de la familia. Deforma relaciones y destroza sueños. El abuso engendra dolor y desesperación. Nunca produce esperanza. Más que nadie, usted conoce muy bien esta realidad —por eso ha escogido este libro.

El maltrato deja cicatrices emocionales que pueden perdurar toda la vida. El temor es la reacción más frecuente a la violencia hogareña. Las víctimas también experimentan vergüenza, traición, y un sentido de desesperanza. A veces simplemente es muy difícil saber a quien acudir y en quien confiar. Por eso hemos escrito este libro, para ofrecerle esperanza en medio de la crisis.

El abuso, suele ser la herencia que viaja de una generación a otra. El ser testigo de violencia daña a los niños, ya sean ellos o no las víctimas de los golpes o las maldiciones. Cuando el maltrato ocurre en una familia, todos quedan lastimados.

Cuando el abuso ocurre en la familia cristiana, es común que la mujer sea la víctima que busque ayuda en su iglesia o en los líderes de ella. Hay tantas preguntas: ¿Por qué me abandonó Dios? ¿Qué hice para merecer este maltrato? ¿Tengo que seguir queriéndolo hasta que la muerte nos separe? ¿Qué es lo que Dios quiere de mí?

5

En las páginas siguientes le ofrecemos algunas respuestas a estas preguntas, algunas ideas para animarla a seguir adelante en su vida y su fe, con unas reflexiones que vienen de las Sagradas Escrituras. Creemos que el mensaje de la Biblia es muy claro: Dios habla en contra de la violencia. La paz y la seguridad son los fundamentos para la vida familiar. Donde no hay paz y seguridad no hay relaciones sanas.

Una relación no es sana cuando...

La minimizan y no le reconocen sus valores y logros.

La amenazan.

La abofetean, empujan, patean o hieren.

La mantienen lejos de su familia y amigos.

Existe posesividad o celos extremos.

Su pareja insiste en estar juntos todo el tiempo, o en observar lo que usted hace cuando está sola.

Usted, su familia, su trabajo, su iglesia y sus amigos son irrespetados.

La ignoran cuando emite una opinión; sus gustos y aversiones no cuentan para nada.

La llaman por nombres que la avergüenzan y hieren.

La culpan por todos los problemas.

El camino hacia la esperanza, la sanidad y la integridad será largo y duro. Hay pocas respuestas sencillas. Van a haber grandes luchas. Su fe será probada. A veces su familia cristiana o la iglesia será de mucha ayuda, pero a veces también sucede que los miembros de la congregación pueden impedir su progreso hacia la sanidad u ofrecerle consejos que amenacen su bienestar emocional o físico. Por eso creemos que usted necesita recursos y consejos para trazar el trecho desde el miedo hasta la seguridad.

Quisiéramos llamarlo el camino hacia la esperanza. En este camino, las víctimas se convierten en sobrevivientes. La invitamos a comenzar el viaje. El escribir este libro nos ha llevado a nosotras también por un camino interesante. Aportamos fondos y experiencias distintas a la obra: Nancy es socióloga; Cathie es erudita bíblica. Somos ciudadanas de diferentes naciones, preparadas en campos distintos, nacidas en generaciones diferentes, alabamos a Dios según tradiciones distintas. Sin embargo, compartimos una convicción en común: el amor cristiano no debe lastimar.

Durante la mayor parte de nuestras vidas adultas hemos escuchado historias verdaderas del abuso en las comunidades donde vivimos y trabajamos, en las iglesias donde visitamos, en los talleres que dirigimos, y mientras tomamos café juntas durante las conferencias y reuniones de mujeres. Las mujeres nos han contado historias de sus penas y sus vidas quebrantadas, tanto como historias de esperanza y de la ayuda que han encontrado en medio de grandes tribulaciones.

También hemos estudiado el abuso formalmente. Desde hace muchos años Nancy ha estado investigando el maltrato en Canadá, los Estados Unidos y otras culturas. Con su equipo de investigadores, ha entrevistado a cientos de víctimas femeninas y cientos de clérigos. Por medio de cuestionarios enviados por correo, grupos que tratan con el abuso, entrevistas detalladas, encuestas telefónicas y consultas en varias comunidades, ella ha aprendido cómo sucede el abuso en los hogares de los fieles. Mientras tanto, Cathie ha estado estudiando la violencia desde el punto de vista bíblico. Por medio de su enseñanza y su escritura, ha estado ayudando a seminaristas y a líderes de la iglesia a interpretar lo que la Biblia verdaderamente dice sobre el abuso. Uniendo nuestras experiencias, podemos ofrecerle información y apoyo para ayudarle a empezar su camino de esperanza o para sostenerla durante los tiempos de desilusión y desesperación.

A pedido de nuestro editor, Jim Hoover, a quien respetamos profundamente y le agradecemos su guía de todo corazón, hemos minimizado las notas y la jerga académica. Esperamos que usted encuentre el libro fácil de leer y que nuestro deseo de apoyarla sea evidente en cada página. Los conceptos que compartimos y las ideas que presentamos para seguir adelante han sido desarrollados durante muchos años de cuidadosa investigación académica. En los capítulos que siguen, hay numerosas historias de personas verdaderas, de sus vidas y sus luchas. A veces hay citas que vienen de las entrevistas o de los grupos de enfoque sobre el abuso. Hemos cambiado un poco los detalles de las historias para proteger el anonimato de los hombres y las mujeres involucrados. Creemos que la combinación de investigaciones sociológicas con erudición bíblica conlleva un entendimiento especial para las víctimas del abuso que están en el camino hacia la sanidad. Mientras usted lea este libro, notará que está escrito en dos voces diferentes—son nuestras voces, individuales y distintas, pero con un propósito y una visión compartidos. Ambas escribimos en primera persona.

Cada capítulo provee ejemplos de mujeres en varias fases de su viaje a la sanidad. A veces usted podrá preguntarse por qué damos tantos ejemplos. Nuestra esperanza es que usted encuentre una o más historias que hablen directamente a su experiencia.

Además, le ofrecemos ideas para enfrentar los problemas y para ayudarla a decidir qué hacer. Estas son las cosas básicas que uno tiene que saber para poder movilizarse hacia un lugar de abundancia que Dios proporciona. Muchas mujeres se sienten perdidas porque no saben donde buscar ayuda —o aun si es apropiado que una mujer cristiana pida auxilio.

Cada capítulo termina con una sección de reflexión espiritual. Mientras que usted luche con los sentimientos de pesar, coraje, temor, amargura, desconcierto, culpa, vergüenza, desesperanza y desilusión, es posible que desconfíe de la Biblia y las personas que la hayan interpretado para usted. Esperamos darle una perspectiva nueva de la Biblia para que ésta sea un recurso útil de ayuda y recuperación, una fuente de consuelo divino, y no de más abuso.

Las meditaciones bíblicas la invitan a ver las Escrituras a través de ojos nuevos. El salmista oró: «Abre mis ojos, y miraré las maravillas de tu ley» (Salmo 119.18). A veces, se necesita un nuevo punto de vista para ver la ayuda que Dios tiene a disposición. Cuando las fuerzas hostiles rodearon la casa de Eliseo, el profeta oró que Dios abriera los ojos de su siervo quien había entrado en pánico. Con su visión nueva otorgada por Dios, el sirviente vio que: «el monte estaba lleno de gente de a caballo, y de carros de fuego alrededor de Eliseo» (2 Reyes 6.17). De igual manera el Señor le abrió los ojos a Agar para que ella viera un pozo que permitió que ella y su hijo sobrevivieran en el desierto. Como Agar, tal vez usted vea recursos que no ha reconocido antes. Posiblemente va a descubrir nuevas verdades para usted misma en las Sagradas Escrituras.

El apóstol Pablo nos dice que las historias bíblicas no son meros cuentos instructivos sino que nos son dados como ejemplos espirituales. «Y estas cosas les acontecieron como ejemplo, y están escritas para amonestarnos a nosotros, a quienes han alcanzado los fines de los siglos» (1 Corintios 10.11). Las historias antiguas dadas por el Espíritu Santo todavía pueden revitalizarnos. Como Rizpa, usted puede defender lo correcto. Como Abigail, puede reaccionar en una forma rápida y decisiva cuando sea necesario. Como José, puede probar las aguas para atravesarlas en el largo viaje al perdón. Puede extender su mano para tocar a Jesús como la mujer que había sufrido muchos años con una hemorragia. En la historia de Lea puede ser que encuentre un paradigma para componer un matrimonio perturbado. En la angustia y aflicción de David puede ver los ecos de su propia experiencia, y con la letra de sus canciones, su alma puede remontarse al cielo. Tome el tiempo que quiera con estas reflexiones bíblicas. Permita que Dios hable a su alma.

La investigación y la escritura de un libro involucran deudas a muchas personas. Yo (Nancy) deseo agradecerles a los que han invertido fondos para mis investigaciones durante la última década,[1] particularmente quiero reconocer al Louisville Institute for the Study of Protestantism and American Culture por su apoyo financiero. Sobre todo, estoy muy agradecida a los hombres y a las mujeres quienes han abierto sus vidas a mi equipo investigativo y han compartido desde su corazón o desde su experiencia profesional la realidad de la violencia. Muchas gracias por concederme el honor de escuchar su dolor y su esperanza.

Durante la última década, los siguientes individuos han participado en la colección de datos o en el análisis de ellos: Lois Mitchell, Lori Beaman, Christy Hoyt, Amanda Steeves, Michelle Spencer-Arsenault y Lisa Hanson. Ellas saben cuánto aprecio sus labores, su humor y su perspicacia, pero es importante que los lectores lo sepan también. Durante la preparación de este libro, estoy muy agradecida a Bárbara Fisher-Townsend y Lanette Ruff por su asistencia excelente con la investigación; al departamento de sociología de la Universidad de New Brunswick por el ambiente de apoyo donde trabajamos. En el frente hogareño, les debo un agradecimiento especial a mi esposo, David y a nuestras hijas, Natascha y Christina. También hay un elenco de apoyo, nuestros amigos y colegas alrededor del mundo, quienes han llegado a ser cada vez más queridos con el transcurso de los años.

Yo (Cathie) quisiera agradecer a muchas personas, hombres y mujeres, que han compartido sus historias de sufrimiento conmigo. Cada uno tiene algo que enseñarme, y cada uno me impulsa a volver a preguntar: ¿Qué podemos hacer nosotros, los cristianos, para responder a tales circunstancias? ¿Cuál es la reacción apropiada de las víctimas a la luz de nuestra convicción que la Biblia es la única regla infalible de fe y práctica? Este es el desafío para los que quieren caminar por fe.

Al mismo tiempo debería agradecerles a los expertos que trabajan en el campo de la violencia doméstica porque ellos me han dado mucha información imprescindible. Particularmente quisiera agradecer a Independence House en Hyannis, Massachussets, por todo lo que el personal y los voluntarios de esta institución me han enseñado. Realmente su sabiduría y dedicación me asombran —tanto como su buena voluntad para salvar la vida humana y apoyar a la gente en las situaciones más penosas, ya sea de día o de noche. Estoy inspirada por la obra de mi propia hermana, Elizabeth Clark Blank, quien ha proporcionado gran parte de su vida para la protección de mujeres abusadas. Pienso con gratitud en todos los pioneros heroicos que se atrevieron a luchar por la causa mientras que la preocupación de la iglesia se quedaba atrás. ¡Qué Dios nos perdone y que nos guíe en nuestras acciones y actitudes!

Uno

¿Cómo puedo saber si necesito ayuda?

ES POSIBLE QUE USTED TENGA MIEDO Y SE SIENTA SOLA, ABANDONADA. Tal vez se echa la culpa por el abuso que ha sufrido. Tal vez se sienta abrumada con vergüenza. Puede que sienta la presión de guardar silencio en cuanto a todo lo que le ha pasado. Toda su energía se consume en mantener apariencias, fingiendo que todo está bien en casa. Posiblemente se siente decepcionada con su congregación y mal entendida por sus amigos más cercanos. ¡Si sólo fuera posible volver atrás! ¡Si sólo usted pudiera mejorar las cosas! ¡Si sólo la violencia terminara!

Pero usted no está sola. Millones de mujeres alrededor del mundo, muchas de ellas cristianas, han sido maltratadas o tiranizadas por un hombre que prometió ante Dios que amaría y cuidaría a su esposa hasta que la muerte los separara. No obstante, la mayoría de las esposas maltratadas se sienten solas. Como el abuso sucede detrás de puertas cerradas, la gente de la comunidad o de la congregación no lo ve. Así que las víctimas sienten que no tienen ni cara ni nombre. El silencio y los secretos abundan.

La Navidad casi había llegado. Nuestra iglesia acababa de organizar un banquete para mujeres para alcanzar a las víctimas del abuso. Algunas de ellas se quedaban en un albergue para señoras golpeadas; otras se habían mudado a departamentos para mujeres en su segunda fase de recuperación, donde podían vivir hasta dieciocho meses. La Navidad es una buena temporada para formar lazos entre la iglesia y la comunidad. Es un período sumamente difícil para los individuos que experimentan los tumultos familiares o la pérdida de sus relaciones íntimas. Para una mujer que vive con violencia o sufrimiento en el hogar, la Navidad es un tiempo de presión y mucho dolor en el corazón.

Mientras conducía a la iglesia, pensando en la charla que iba a presentar, mi mente se llenaba de preguntas: *¿Cómo podemos nosotras, las mujeres de la iglesia, reforzar nuestras relaciones con el albergue? ¿Cuáles son algunas maneras en las cuales las fieles podemos apoyar a las mujeres abusadas alrededor de nosotras? ¿Qué puedo decir en mi charla de esta noche para desafiar a las mujeres no abusadas y a la vez consolar a aquellas que han sido golpeadas? Por otra parte, ¿qué podemos hacer todos para reducir la violencia familiar en nuestras vecindades y congregaciones?*

En el asiento delantero de mi carro tenía una muñeca hecha por la comunidad Amish que traje conmigo para usar como ilustración en mi charla. La muñeca sin cara con un gorro no tiene rasgos faciales—ni nariz, ni ojos, ni sonrisa. Su cara es nada más que un pedazo de tela sencilla del color marfil. El diseño está hecho así para representar uno de los sellos de la cultura Amish: la sumisión del individuo a la preservación del grupo.

De alguna manera, la simplicidad de la muñeca estaba conectada en mi mente a la historia del nacimiento de Jesucristo, el motivo de la celebración de esa tarde. María, una muchacha judía joven de circunstancias comunes y corrientes, fue escogida para dar a luz al Niño Jesús. *Me pregunto cómo se sentía. Me pregunto a quién se lo dijo. Me pregunto si ella lloró.* Hay mucho en que pensar.

Mientras conducía, imaginaba a una de mis hijas en la misma situación que María: una visita angélica, el embarazo de adolescente, un viaje largo lejos del hogar, ningún espacio en la posada. *Efectivamente fue escogida.* Luego pensé en los paralelos entre la historia extraordinaria de María y la historia de una mujer golpeada: la incredulidad, lo desconocido, el temor, la vergüenza, el aislamiento.

De repente, retrocedí en mis pensamientos a un día de mi vida como estudiante, años atrás. Entré en una tienda acogedora de artesanía en Intercourse, Pennsylvania, un pueblo en la comunidad Amish. En el centro del sótano había un marco grande de madera que llevaba y estiraba una colcha de colores vivos. Alrededor de ella se sentaban seis mujeres Amish de edades variadas de entre más o menos veinte y ochenta años. Hablaban alemán. Pero una vez que advirtieron mi presencia todas se callaron; yo era una intrusa. Puesto que yo les hice sentir incómodas, dejé de admirar su obra.

Afuera de la tienda en las aceras del pueblo las muchachas jóvenes llevaban comestibles en cestas tejidas a mano; las ancianas cargaban uno o dos rollos de tela bajo el brazo mientras subían en un cochecillo tirado por un caballo; los hombres atendían a los animales y juntaban provisiones para la granja. Al principio era como un paseo por una aldea histórica que había sido reconstruida. Pero la historia de la gente Amish es mucho más de lo que un corto vistazo pueda enseñar. Ellos viven con una serie de principios y prácticas que refuerzan la sumisión del individuo al servicio y la preservación de la cultura Amish. La mirada fija y vacía de la muñeca y el silencio de las mujeres me persiguen: tantas historias escondidas, tantas historias que no fueron contadas, con dolores y alegrías inexpresables.

Volviendo al presente, esperando a la luz roja de un semáforo, yo pensaba en cómo podría comunicarles con potencia y gracia el concepto de vivir sin cara a las mujeres que asistirían al banquete. Unas —las que habían sido golpeadas— sabrían por experiencia personal lo que la muñeca Amish representaba. Ellas también habían sido incapaces de mirarse a fondo y completamente, incapaces de contemplar el espejo de su vida y notar o recordar precisamente lo que vieron en él. En el caso de las mujeres Amish, el espejo significa lo prohibido. Tal vez usted también, como mujer maltratada, haya evitado la autorreflexión porque esta evoca demasiado dolor, demasiada desesperanza. Sin duda usted entiende completamente bien, de su propia experiencia, el vacío de la tela de gasa que cubre la parte donde la cara de la muñeca debe estar. La tarde transcurrió según el plan. Yo puse la muñeca Amish en el atril. Ella era una ilustración de María, la muchacha escogida para traer al Hijo de Dios a la vida humana; también la muñeca era un símbolo para la mujer maltratada anónima cuyos gritos de socorro no se oyen; además representaba la mujer anónima que extiende la mano para ayudar a una hermana necesitada.

Cuando una familia está en crisis, ¿lo sabe alguien? ¿Cómo suena el grito de auxilio? ¿Cómo es la desesperanza de una mujer golpeada? ¿Es posible identificar a las mujeres que viven con miedo? Cuando algunas mujeres se enfrentan con un peligro que amenaza su vida piden ayuda. Otras sufren en silencio. Algunas mujeres tocan a las puertas; otras esperan el rescate. ¿Qué ha escogido usted?

El descubrir su propia voz
no es una hazaña pequeña
en medio del alboroto y el dolor;

El escuchar sus palabras
le ayuda a ganar
la credibilidad que requiere
para silenciar a sus opresores,
especialmente aquellos que retumban en su cabeza;

De manera que una vez encontrada
nunca más volverá a perder
ni sus palabras ni su voz.

...(Hubo) un grande y poderoso viento que rompía los montes, y quebraba las peñas...pero JEHOVÁ no estaba en el viento. Y tras el viento un terremoto; pero JEHOVÁ no estaba en el terremoto. Y tras el terremoto un fuego; pero JEHOVÁ no estaba en el fuego. Y tras el fuego un silbo apacible y delicado. (1 Reyes 19.11-12)

🌹

El abrir los ojos a la violencia en el hogar nunca es fácil. Generalmente esto viene con un costo. Para algunas mujeres el costo es personal: cuando tratan de ver el sufrimiento de las demás personas vienen las caras de sus propios queridos ante la lente mental. En agonía las señoras vuelven al pasado y a sus vulnerabilidades infantiles o adolescentes. Tales memorias intrusas y dolorosas amenazan con interrumpir o controlar sus vidas diarias otra vez y sus posibilidades para el futuro. Para estas mujeres, la violencia sólo se puede concebir en términos de *mi* abuso, como si no hubiera otra historia que la suya.

Las demás personas no pueden imaginar la violencia doméstica porque no han sufrido los tentáculos pegajosos de la humillación del abuso. Ellos quieren comprender y demostrar empatía, pero sus corazones están fríos, no por una naturaleza insensible o indiferente, sino porque nunca han oído el llanto profundo desde el corazón de una víctima, expresado en primera persona, cara a cara, con lágrimas y períodos largos de silencio. Estas situaciones son muy distintas a los reportajes en las noticias que fluyen de los labios de los locutores, o de las cortas escenas de los documentales televisados. Si alguien nunca ha visto ni ha escuchado a una víctima divulgar su experiencia del abuso, es casi imposible comprender la vergüenza, el miedo o el impacto de eso.

Usted como víctima del maltrato debe saber que es muy difícil que otra persona comprenda el impacto total de su dolor o de sus consecuencias a largo plazo.

LAS HISTORIAS DE DOS MUJERES ABUSADAS

Mildred Jennings[1] era una persona profundamente espiritual. Su pastor la caracterizó como: «una linda cristiana, muy activa en la iglesia». Ella tenía cinco hijos adultos y todos eran muy exitosos. Pero aproximadamente tres meses después de la llegada del pastor a su región, Mildred comenzó a decirle algunas cosas acerca de su matrimonio y después de poco tiempo reveló que las cosas no eran como parecían.

A Mildred la veían como una persona equilibrada, pero Russell, su marido, era un hombre muy controlador. Él anhelaba poder y una alta posición social. Para satisfacer su ambición de tener cosas ostentosas siempre pedía préstamos, con el resultado de que la familia se hundía cada vez más en deudas.

Un día Mildred estaba hablando por teléfono con su hija mayor, una doctora de una región cercana. Aparentemente, Mildred había ido a un escondite en su hogar para recoger unos documentos guardados que tenía sobre algunos incidentes de abuso en el pasado. En ese momento, Russell regresó a casa y la encontró en el teléfono con los papeles desparramados en la mesa en frente de ella. Él se puso rabioso, casi tan enfurecido como en la ocasión cuando intentó matarla.

Un domingo por la mañana —y con sólo dos horas de aviso— Russell echó de la casa para siempre a su esposa, que tenía sesenta años, y a su suegra de ochenta y tres años que vivía con ellos. El pastor vio una nota de Mildred en el púlpito, pidiéndole una reunión después del segundo servicio del domingo. Se reunieron, él escuchó su historia y a la tarde llevó a las dos mujeres asustadas a la casa de un miembro de la congregación, quien aceptó hospedarlas unos días. En las palabras del pastor: «Recuerdo el primer día en que la llevaba en el carro. . . diciéndole que algún día, "usted va a ver que eso es lo mejor que les podría haber pasado". Pero fue un tiempo terrible, muy terrible».

El ministro vio que el problema de Russell era que él quería controlar a su esposa. Él controlaba su dinero, adonde iba, y con quien iba. Intentaba prevenir que ella fuera a la iglesia, al cine y a visitar a sus amigas. Cuando Mildred se resistía, él se ponía muy chillón y amenazante o, al contrario, muy silencioso y a veces no le hablaba hasta por un mes.

Resultó que Mildred sentía que no valía nada. En las palabras del pastor: «Su autoestima ya estaba baja porque había crecido en una familia donde hubo abuso... Había visto a su abuelo abusar a su abuela dejándola sin conocimiento en un charco de sangre. Mildred veía a su papá tratar a su mamá de una forma muy negativa... así que ella tenía muy baja autoestima». Russell también era víctima de abuso durante su niñez; cuando era pequeño aprendió a usar los puños para lograr lo que quería.

Después de que Russell las corrió de la casa, Mildred pasó los próximos cuatro o cinco meses sintiendo mucha lástima por él. El pastor le recordó: «Aunque Russell era la persona que la había echado de la casa con sólo dos horas de aviso, ella se sentía culpable porque se lo había contado todo a su hija...el pastor sentía tanta pena por ella, era muy vulnerable. Russell siempre la llamaba por teléfono...ella se compadecía mucho de él. Tenía compasión porque él nunca había experimentado el amor cuando era niño».

Mildred buscó ayuda en el pastor porque no sabía a quien recurrir. En el momento de más necesidad, contó con la iglesia y vio la disponibilidad del pastor para ayudarla a comenzar el largo camino hacia la sanidad y la integridad. Mildred tenía muchas preguntas: ¿Dios la perdonaría por haber dejado a Russell? ¿Y qué de los votos de matrimonio, sobre todo donde dice «en los mejores o peores tiempos, para el resto de la vida»? ¿Por qué permitió Dios que esto pasara?

¿Cómo se benefició Mildred de la atención pastoral? «La escuchaba mucho», el pastor confesó. «La hice recordar que ella nunca habría escogido irse de la casa ese día...que no fue...su decisión».

La seguridad tiene que ser la primera prioridad

AQUÍ HAY UNAS PREGUNTAS QUE DEBE HACERSE SOBRE LA SEGURIDAD...

¿Es seguro estar en casa o volver a casa?
¿Sus hijos están seguros en su casa?

¿El enojo de su esposo la ha asustado alguna vez o la ha hecho sentir insegura? ¿Es posible que su marido se haga daño a sí mismo o a su propiedad?

¿Tiene usted un plan de seguridad en caso de que sea necesario irse de la casa rápidamente? ¿Tiene un carro accesible en todo momento? ¿Hay transportación pública cerca de donde vive, o hay servicio de taxi?

¿Sabe cómo ponerse en contacto con un albergue en su comunidad o en una ciudad cercana en caso de que necesite refugiarse?

A través de la consejería, el pastor trataba de desafiar las ideas erróneas de Mildred, como por ejemplo: que era culpable, que era responsable por la infelicidad de su esposo o por su separación.
En los primeros meses, el pastor y Mildred hablaban todos los días.
Luego pasaron más de dos años con visitas de por lo menos una vez por
semana, a veces por quince o veinte minutos, a veces por más de una
hora. Mientras tanto, Russell culpaba a Mildred, a otras personas, a
todo el mundo con excepción de sí mismo, por el abuso y la angustia.
No quería que el pastor ni nadie le ofrecieran ayuda. Quería que todos
lo dejaran solo. El pastor la atendió y la aconsejó por mucho tiempo. También con-
sultaba con otros profesionales para hacerles comprender mejor la
situación de Milfred. Por ejemplo, el abogado no entendía sus principios cristianos, especialmente cómo podía perdonar a este hombre abusivo con tanta facilidad. Con el permiso de Mildred, el pastor explicó
sus ideas al abogado, mientras este trataba de cuestionarlas durante el
período de consejería. Hasta le recomendó a Mildred que estuviera
menos dispuesta a perdonar, ayudándola a ver que Dios no quería que
ella ignorara la angustia y los eventos abusivos, sino que le pidiera cuentas a su marido por su comportamiento.
Para Mildred y su mamá el rescate era la necesidad urgente, pero en
el camino hacia la sanidad y la recuperación, las necesidades espirituales
eran fundamentales. Las ideas espirituales erróneas de Mildred hubieran
impedido que ella se convirtiera en una persona restaurada. Es mejor que
un pastor u otro individuo con credenciales espirituales ponga en duda
un pensar religioso erróneo, en vez de otra persona. Igual que muchas
mujeres cristianas abusadas, *el lenguaje del espíritu,* en combinación con
la palabra de Dios de aliento y ayuda era lo que Mildred necesitaba para
suplementar *el lenguaje de la cultura contemporánea.*

Brenda Steppe,[2] en los comienzos de sus veinte años, una graduada
reciente de una carrera de contabilidad, estaba en su quinto mes de su
primer embarazo. Vivía con un hombre, Carson, que era menor que

ella tanto en madurez como en edad. Cuando Ruth, la pastora de la iglesia local, vio a Brenda por primera vez, ésta estaba de pie, sola, al lado de la calle, con sólo un zapato, profundamente turbada. «Había una mujer embarazada, parada de un lado de la calle en la lluvia sollozando fuertemente. Y estaba llorando tanto porque su pareja acaba de regresar a casa borracho, la había atropellado y se puso a darle patadas en el vientre. Bueno. Así es como me involucré en la situación. Así es como intervine. Yo los escogí. Ellos no me escogieron a mí».

Las maneras de protegerse...

Busque el número de teléfono del albergue local. Cuando pueda, llámelos y pida información de sus servicios. Así cuando usted requiera de sus servicios ya va a saber lo que ofrecen.

Recuerde que siempre puede llamar al 911 o a su número local de emergencia cuando esté en peligro. Además puede llamar al albergue y pedir información, aun si no está buscando refugio en ese sitio.

Ésta es una historia de dos mujeres que se introducen en las vidas de la una y la otra, y como resultado, ninguna de ellas vuelve a ser igual. Brenda se encontró con una multitud de problemas físicos y emocionales, y con varios dilemas; en todo sentido, ella estaba muy necesitada. Ruth estaba motivada por la compasión, alimentada de un ardor espiritual para fomentar un mundo mejor.

Era la temporada de Navidad, hacía frío y había nevado. La pastora estaba dando un paseo en el centro de una ciudad pequeña cuando de repente divisó a Brenda. Esta se arrimó a la mujer y le preguntó cautelosamente qué le había pasado. Al principio Brenda no quiso hablar con una persona desconocida, porque no sabía que la mujer era una pastora que la podía ayudar. Pero Ruth persistía, porque había visto las magulladuras y su embarazo.

El novio abusador de Brenda la había echado de la casa sin aviso. Ella perdió uno de sus zapatos cuando salió por la puerta huyendo, porque él le había tirado una botella de cerveza. La pastora contó que

Brenda quería que ella le comprara unas gafas de sol antes de que se subiera en el autobús. La primera reacción de Brenda era esconderse de su vergüenza, anular su dolor, y ocultar sus sentimientos de fracaso. Luego de comprar las gafas, Brenda subió al autobús, acompañada por la pastora. Cuando ellas llegaron al lugar que Brenda consideraba su hogar, quería limpiar el desorden que Carlson había creado cuando le tiró la comida. Los pedacitos de comida y fragmentos de cerámica estaban esparcidos por todas partes.

¿Por qué volvería una mujer abusada para limpiar semejante asquerosidad? Según la perspectiva de Brenda, Carlson no sabía cómo acomodar la casa. Además, no podía cumplir los preparativos finales para la Navidad como envolver y entregar los regalos a tiempo. «Ella hubiera regresado a ese infierno», dijo Ruth más tarde: «aún a punto de dar a luz a un bebé». Era difícil, casi imposible, que Brenda dejara la relación abusiva porque ella sentía como si estuviera abandonándolo *a él*.

MILDRED, BRENDA Y LOS MITOS SOBRE EL ABUSO

He aquí dos mujeres, Mildred y Brenda, que han experimentado la intimidad ligada con violencia. Una de ellas es mayor de edad; la otra menor. Una ha vivido en un ambiente cómodo; la otra conoce bien la pobreza. Una tiene una mamá dependiente; la otra está embarazada. Ambas están asustadas. Las dos temen el futuro. Una habla, la otra no ha encontrado su voz todavía.

Sus historias verdaderas nos ayudan a disipar algunos mitos que envuelven el abuso: cuándo y a quién le sucede, y cómo se puede impedirlo. Podemos aprender de sus historias que cualquier persona puede ser abusada.

Los mitos que se deben disipar:
- *El abuso no pasa en nuestra región.*
- *El abuso no pasa en mi vecindad.*
- *El abuso no pasa en mi iglesia.*
- *Es imposible que el abuso suceda en mi familia.*
- *Es imposible que yo sea víctima del abuso.*

Las verdades reveladas:
- *El abuso no tiene límites geográficos.*
- *El abuso sucede en todas las clases sociales.*
- *El abuso ocurre en todos los grupos religiosos.*
- *La violencia puede pasar en cualquier familia.*
- *Es posible que yo sea víctima del abuso.*

Alrededor del mundo y en nuestras vecindades, hay innumerables mujeres que sufren muchos años con las consecuencias de la violencia familiar. Es más común que el maltrato sea cometido por alguien que es o ha sido amado y de confianza. Las personas que amamos son capaces de lastimarnos profundamente. A veces las heridas son provocadas por palabras que rompen nuestros corazones; a veces con puños que nos quiebran los huesos.

Para nosotros que nunca hemos experimentado la violencia doméstica es difícil entender que el abuso sea tan común. Aun para nosotras como víctimas del maltrato es difícil creerlo porque nos sentimos muy aisladas y solas. Pero la verdad es que casi una de cada cuatro mujeres alrededor del mundo ha sido víctima de algún tipo de abuso sexual o físico. Innumerables mujeres más han sufrido el maltrato emocional o psicológico. Para la adolescente que es violada cuando sale con su novio, las jóvenes embarazadas que los esposos abofetean, las madres de mediana edad que viven con temor, las viudas mayores que son víctimas del robo de sus bienes; la violencia toma muchas formas atroces en nuestras comunidades y, lamentablemente, también en nuestras iglesias.

Pregúntese algunas cosas difíciles...

¿Vive usted con mucho miedo?

¿Se siente nerviosa como si estuviera caminando sobre huevos?

¿Está nerviosa con respecto a lo que sus hijos ven o escuchan en casa?

¿La violencia se está intensificando y es cada vez más frecuente?

¿Teme que sus mascotas o posesiones puedan sufrir daño?

¿Es hora de buscar ayuda?

Las iglesias proclaman la misión de sanar a los individuos con corazones quebrantados en el nombre del evangelio. Los fieles, ya sean hombres o mujeres, comparten esta vocación. La gente ordinaria extiende el toque de sanidad con acciones de compasión. Tal vez usted pueda recordar varias ocasiones de compasión en su vida. Cuando extendemos el toque sanador de Dios, el mundo cambia, una familia a la vez. Los cristianos dicen que la familia les importa mucho. Del mismo modo, hablan de «la familia de la iglesia», ensanchando el calor y el cuidado del ambiente hogareño a la vida de la congregación. Esto significa que los fieles tienen una oportunidad única de dedicarse a luchar por la seguridad de cada familia. Al mismo tiempo puede ser que las mujeres y los niños cristianos se sientan particularmente aislados de los demás creyentes cuando la violencia toca a sus familias.

Algunas mujeres piden ayuda; otras sufren en silencio. Ordinariamente, el reconocimiento de la necesidad de auxilio es el primer paso en el proceso de recuperación.

PARA LA REFLEXIÓN ESPIRITUAL

Una mujer abusada caminaba tambaleándose bajo el sol resplandeciente. Un oasis se levantaba a lo lejos, prometiéndole sombra y agua. Combatiendo el agotamiento, y debilitada por sus heridas, ella seguía adelante con pasos temblorosos y finalmente se cayó al lado del pozo de agua.

Ella no tenía ninguna duda acerca de su próximo paso, o sea, cuál sería su estrategia para sobrevivir. Sólo sabía que había alcanzado el pozo. Cualquier plan adicional habría requerido demasiadas fuerzas. Siendo una extranjera sin amigos ni hogar, embarazada y golpeada, ella tenía pocas opciones. Es más, ella no tenía las fuerzas emocionales para ser objetiva. Uno no puede vivir mucho tiempo sin comida o abrigo, o sin un sentido del valor de sí mismo.

De todas las personas introducidas hasta aquí en el libro de Génesis, ella es la más insignificante. No sabemos nada de su familia o de sus raíces espirituales. Probablemente era una de las esclavas que el faraón cambió por Sara, la bella esposa de Abram. Cuando el patriarca permitió que su esposa fuera recibida en el hogar del faraón, a Abram le dieron ovejas, bueyes, asnos, sirvientes y camellos. En la lista de sus posesiones, los esclavos están colocados entre los asnos machos y las hembras (Génesis 12.16). Según el modo de pensar de los egipcios, Agar no tenía más valor que los animales.

Así llegó Agar a la casa de Abram, y cuando devolvieron a Sara a su marido, Agar quedó como su esclava. El faraón mandó que Abram llevara a su esposa y que se fueran de Egipto, así que transportaron a Agar a un país extraño que no se parecía nada a su tierra natal.

Sin embargo, Abram y Sara no tenían lo que más querían, un hijo. Por fin Sara perdió toda esperanza de dar a luz a un hijo y se conformó con lo que consideraba la mejor solución posible. Según la ley antigua del Cercano Oriente, una mujer podía presentarle a su marido a su esclava como concubina. Si la concubina concebía, cuando el bebé nacía se lo consideraba el hijo de la señora. Así usaron a Agar como propiedad sexual, una reproductora para la pareja desesperada. Al principio, Abram estaba poco dispuesto a hacerlo, pero al final cedió ante la insistencia de su esposa.

Agar quedó embarazada y estaba contenta. Aunque la habían abusado y explotado, ¡por lo menos era capaz de darles un hijo cuando Sara no podía! Sara notó la complacencia de Agar. La esclava que antes no era nadie ya era alguien importante, la mamá del hijo del señor. Sara resentía profundamente a Agar con su nueva seguridad y su orgullo y alegría en anticipación de ser madre.

Con el permiso de Abram, Sara encontró varias maneras de convertir la vida de la esclava en un tormento miserable. Cuando Agar no podía aguantar más desgracia, decidió fugarse. La exasperación la impulsó al desierto y ella comenzó el viaje de regreso a Egipto.

Esto era comprensible, pero el viaje era muy arriesgado. No había ni abrigo para mujeres maltratadas, ni refugio para ella, ni comida, ni agua, ni nadie que pudiera atenderla durante el parto.

Antes de Agar, la historia bíblica había mencionado a caciques, cabezas de tribus, y a patriarcas. Ahora un nadie viene al centro del escenario, una madre soltera y africana que ha sido abusada y explotada.

El primer paso de Agar fue el reconocimiento del maltrato y su necesidad de escaparlo. Por fin encontró un pozo al lado del camino y se desplomó, cansada, sedienta, embarazada y asustada.

De repente una voz le habló: «Agar, esclava de Sara, ¿de dónde vienes, adónde vas?» Alguien sabía su nombre y se preocupaba por ella. Agar era una persona verdadera a los ojos del extranjero, a quien ella reconoció pronto como un mensajero de Dios.

A diferencia de muchas personas, Agar le respondió a Dios con la verdad: «Estoy huyendo de Sara, mi señora».

«Vuélvete a tu señora», dijo el Señor. La instrucción le parecía cruel, pero de verdad la cuidarían y mantendrían en el domicilio de Abram y Sara.

Igual que muchas mujeres abusadas, Agar sabía que no tenía otra opción más que regresar. Aunque al final ella ganaría su libertad como la mamá orgullosa de un hijo libre, primero tenía que concentrarse en lo práctico: comida, abrigo, y atención durante el parto y la infancia de su hijo. Dios le aconsejó que volviese por el presente, pero esa vez Agar regresó capacitada con nuevos recursos maravillosos.

En primer lugar, ella tenía la promesa no solamente de un hijo, sino también de nietos y bisnietos. Justo como a Abram le habían prometido tantos descendientes que era imposible contarlos, también a Agar la hicieron ancestro de una nación grande (Génesis 16.10). Si Abram llegaría a ser patriarca, ella sería matriarca por derecho propio, con honor y dignidad. Ella tenía un pacto único con Dios. Dios le prometió: «Multiplicaré tanto tu descendencia que no podrá ser contada a causa de la multitud». Era la misma promesa que Dios le había dado a Abram. Ella también iba a ser la fundadora de un pueblo poderoso.

Luego vino la profecía de la libertad de su hijo:

He aquí que has concebido y darás a luz un hijo;
y llamarás su nombre Ismael,
porque JEHOVÁ ha oído tu aflicción.
Y él será hombre fiero. (Génesis 16.11-12)

«Hombre fiero», ¿Qué significa? Quiere decir que él será libre. En Job leemos que nadie puede domesticar el asno salvaje ni uncirlo a la esclavitud (39.5-12). Justo como Dios conocía a la mamá por su nombre, también le dio un nombre al hijo. Lo llamó Ismael, «Dios oye» porque Dios había oído la miseria de Agar en dos ocasiones: dentro de la tienda de Sara y al lado del pozo. Agar aprendió que Dios oía los llantos de las mujeres abusadas.

Agar se atrevía a entrar en una comunión con Dios más íntima que la mayoría de los personajes bíblicos. «¿No he visto también aquí al que me ve?» Y ella hizo lo que ninguna persona bíblica había hecho: le dio un nombre a Dios. «Eres *El-roi*», dijo Agar: «el Dios que me ve». Desde entonces el pozo se llamaba *Beer-lahai-roi*, el Pozo del Viviente que me ve. Agar nunca se olvidó que caminaba bajo la vista de Dios.

Agar regresó a su señora, sostenida con el conocimiento de que Dios la había visto y oído a la vez, y Abram le dio por nombre a su hijo, Ismael: «Dios oirá». En su corazón Agar valoraba la promesa del Señor durante todos los días difíciles de su servidumbre y del trato severo que venía después.

Luego Sara también concibió y dio a luz a un hijo y finalmente insistió en que Ismael y Agar fueran expulsados de la casa. En realidad, despidieron a todos los hijos de Abram que habían nacido a las concubinas (Génesis 25.5-6). En la acción que tomó Abram de echar a Agar de la casa, él la estaba liberando y divorciándose de ella a la vez. Pero Dios usaría aun esta separación como una oportunidad para sanarla.

Aunque Agar y su hijo se fueron del campamento como seres libres, esa realidad no les dio mucho consuelo en ese momento. La cuerda del odre de agua se le clavó en el hombro. Agar sólo tenía agua y un poco de pan, pero por delante se extendía un desierto enorme. El peso del agua la retrasaba tanto como el niño a su lado que iba por el camino dando traspiés. El agua que tenía para aplacar la sed de él no iba a durar mucho en el calor abrasador.

Al fin y al cabo no hubo remedio: el muchacho no podía caminar más. Acostándolo bajo la sombra de un arbusto ralo, ella se sentó para lamentar la muerte inminente de su hijo precioso que Dios le había regalado. Se estaban realizando todas las promesas que Dios había dado por Isaac, mientras que las vidas de ella y de su hijo se estaban terminando debido al rencor de Sara. Se morirían como animales, deshumanizados, sin importancia o dignidad.

Si alguna vez ha habido alguna víctima, esa era Agar. Ella lloró e Ismael lloró. Y Dios los oyó y le preguntó: «¿Qué tienes, Agar? No temas. Alza el muchacho y sostenlo con tu mano».

Agar estaba divorciada, desamparada, desesperada, agotada y Dios estaba diciéndole que se levantara a solas y que alzara a su hijo: «Porque yo haré de él una gran nación». Otra vez la promesa, ¿pero cómo sería posible que se cumpliera?

Entonces Dios «le abrió los ojos», y ella vio un pozo que no había visto antes. Ahora tenía acceso a una fuente vivificante. Para ella, el pozo llegó a ser una fuente de nuevas posibilidades. Allí podían establecer una vida nueva ante Dios porque «Dios estaba con el muchacho».

Ismael creció y se convirtió en un tirador de arco. Agar se hallaba renovada, capaz de dirigir el desarrollo de su hijo y de tomar decisiones importantes. Escogió una esposa para él según la costumbre cultural, y con tiempo tuvo una gran familia.

Nos dicen que cuando algo sucede por primera vez en la Biblia tiene mucho significado simbólico. Cuando Dios la capacitó a mirar con sus propios ojos, Agar encontró el agua y ésta sirvió para salvarla. Durante las épocas bíblicas en el ambiente desértico no daban por sentada el agua. Una y otra vez en la Biblia el agua es símbolo de la vida espiritual y del descanso para el alma. Al pueblo de Dios se lo llamó a venir a las aguas (Isaías 55.1). Leemos la invitación de sacar con gozo aguas de las fuentes de salvación (Isaías 12.3), y de hallar ríos en el desierto.

Porque aguas serán cavadas en el desierto
y torrentes en la soledad;
el lugar seco se convertirá en estanque,
y el sequedal en manaderos de aguas;

en la morada de chacales, en su guarida,
será lugar de cañas y juncos. (Isaías 35.6-7)

En las alturas abriré ríos
y fuentes en medio de los valles;
abriré en el desierto estanques de aguas,
y manantiales de aguas en la tierra seca. (Isaías 41.18)

Dios ha prometido llevarnos a manantiales de aguas (Isaías 49.10) y de otorgar abundancia a todos sus fieles. Cada uno será como un escondedero contra el viento, un albergue contra el turbión, como arroyos de aguas en tierra de sequedad, como sombra de gran peñasco en tierra calurosa (Isaías 32.2).

Agar se edificó ese amparo contra el turbión, capaz de protegerla a sí misma y a su hijo al mismo tiempo, capaz de pensar con claridad y actuar decisivamente. Ella había encontrado los ríos de agua viva.

Dos

¿Cuánto debo contar de mi historia?

UNA VEZ QUE SE ARME DE VALOR PARA HABLAR CON UNA AMIGA, un miembro de la familia o un pastor, hay una posibilidad de que se le burlen, la ignoren o la acusen de mentir. ¿Es posible en realidad que un hombre sea violento en casa cuando parece tan simpático en la iglesia o en su trabajo? La respuesta —aunque hay muy poca gente que lo diría— es que sí. Sin embargo, hay un aumento en el número de personas hoy en día que se inclinan a escuchar, creer y ayudar a las mujeres que han sido abusadas.

En este capítulo usted va a conocer a tres mujeres, Claire, Carolyn y Martha, cada una en un momento de su vida cuando el abuso en su familia se está revelando. Como usted verá, Claire nos cuenta sólo una parte de su historia, dándonos pistas de que su vida es difícil y que tiene miedo del enojo de su esposo. La historia de Carolyn se revela cuando una tercera persona llama a la policía. Carolyn no quiere hablar de lo que está pasando y resiente la intrusión. Martha, por otra parte, toma medidas inmediatas para buscar ayuda después de un arrebato violento, y describe francamente todo lo que sucedió, y por qué piensa que nunca puede volver a pasar. ¿Cuándo no es peligroso informarle a alguien que uno está asustado? ¿A quién se lo debe contar? ¿Qué clase de reacción puede esperar? ¿Van a haber suficientes recursos para ayudarla a usted? ¿Qué clase de ayuda le pueden ofrecer —y realmente ofrecen— las iglesias y sus líderes a las víctimas (las mujeres y sus familias), cuando la violencia familiar es revelada?

Cada relación contiene paradojas y contradicciones, pero en las familias violentas éstas tienen poder excepcional: «el amor y a veces el odio, el cariño y a veces la violencia, el placer y el herir, la conexión que continúa en muchos casos a pesar del abuso».[1]

Mientras usted lee las historias de Claire, Carolyn y Martha puede que se identifique con las circunstancias de la vida de alguna de ellas. Tal vez haya estado usando indirectas acerca del abuso y de su miedo como Claire, sin que ningún pastor o líder de la iglesia haya captado los signos sutiles. O quizá como en el caso de Carolyn, un amigo o vecino haya identificado su necesidad de ayuda y le ha entregado este libro. Pero por ahora no quiere que nadie se meta en su situación. Usted ya resiente la cantidad de información que otras personas tienen sobre sus circunstancias personales. O, posiblemente usted es más bien como Martha. Sabe que la violencia es mala y está determinada a remediar las cosas. Quizá haya comprado este libro como el primer paso de un mejor conocimiento de lo que ha pasado en su matrimonio.

LA REVELACIÓN ES SOLAMENTE UNA PARTE DE LA HISTORIA

Claire y George Brown[2] eran maestros. Él tenía la costumbre de abusar del alcohol y cuando estaba tomando se comportaba en una manera muy mala y repugnante con su familia. Además, se ponía violento con frecuencia. Claire fue a hablar con su pastor porque estaba preocupada por el efecto del alcoholismo en sus hijos Tommy y Mike, que tenían edad escolar. ¿Tendrían miedo de su papá? ¿Él les haría daño a propósito? ¿Tendrían recuerdos plagados de la imagen de su papá atontado por la bebida?

Mientras contaba su historia al pastor, Claire habló con énfasis del ciclo que estaba controlando su vida. George siempre hacía promesas de cambiar sus costumbres, o sea, de dejar la bebida. Claire nunca se referirá a sí misma como una mujer abusada: más bien se veía simplemente como la esposa de un hombre con un problema de alcohol. Pero después de identificar el alcoholismo de su esposo con claridad, y nombrar sus temores, aceptándolos como válidos, ella podía hablar sobre el maltrato. Siempre volvía a hablar de su miedo, los asaltos verbales, la violencia, y las promesas quebrantadas. Varias veces Claire y sus muchachos habían quedado muy asustados.

Claire y George habían vivido muchos años al margen de la vida comunitaria de la iglesia: ella asistía a los servicios del domingo ocasionalmente; de vez en cuando con sus hijos, a veces sola. Pero después de un ciclo de emborracharse, sentir remordimiento y arrepentirse, George comenzó a asistir a la iglesia con Claire. Ahora el pastor, Rev. Stephen Townie, se involucró más con la familia Brown. El pastor Steve empezó a pasar por su casa frecuentemente cuando hacía visitas pastorales.

Una tarde encontró a George en mal estado. En vez de ser «el borracho callado en casa», George se había puesto violento, y Claire y los muchachos estaban asustadísimos.

Habiendo observado el alto nivel de peligro en el hogar, Steve persuadió a Claire y sus hijos a que se fueran de la casa para refugiarse con él y su familia. Cuando Steve después relató la historia, meditaba en su rol de escudo protector de Claire, Tommy y Mike. Su casa sirvió como casa segura temporal, un refugio, aunque por breve tiempo.

Además de ser alcohólico, George gastaba dinero imprudentemente y tenía una adicción al juego. Si su conducta en casa llegara a conocerse públicamente, correría el riesgo de perder su trabajo como maestro. Claire creía que merecía el maltrato; esta creencia era una carga que llevaba desde su niñez viviendo con un padre alcohólico. Steve quedó sorprendido que una señora con un título universitario podría sentir tanta responsabilidad personal por la violencia de su esposo. Pero cuando Steve se enteró de los detalles de la crianza de Claire, él empezó a darse cuenta de que la costumbre de Claire de culparse era una repetición del pasado.

Las visitas pastorales eran la modalidad que él empleaba para ofre-
cerles seguridad. Paradójicamente, su casa se convirtió en un refugio
donde ella podía hablar del abuso con un líder espiritual que representaba un escudo protector. Por medio de sus visitas regulares, el pastor
Steve llegó a percibir con más claridad los problemas y temores de
Claire y los indicios involuntarios que emanaban de George.

Aunque Steve les había recomendado a Claire y a los muchachos
que se fueran permanentemente de un hogar tan inseguro, ella no quiso
hacerlo. Así que el pastor continuaba visitándola, cada vez evaluando el
nivel de riesgo, esperando el momento indicado para decir algo y la
oportunidad apropiada para recomendarle un especialista.

La historia de Claire ilustra varias realidades:

• El abuso de las mujeres existe en las familias de clase media
también.

• Muchas víctimas que vivían en familias disfuncionales llevan
las cicatrices de su niñez hasta mayor edad.

• Los hijos son víctimas también aun cuando la conducta
abusiva no está dirigida a ellos.

• La primera vez que una víctima pide ayuda, puede que ella no
mencione el abuso directamente.

• La persona que observa las pistas indirectas podría estar
dispuesta a ayudar.

El caso de Claire puede recordarle a usted de su propia historia. Tal
vez esté casada con un hombre que abusa del alcohol. Quizás nunca haya
pensado en sí misma como una mujer maltratada, aunque su pareja la
ha empujado, pegado o amenazado varias veces. Probablemente esté
preocupada por sus hijos. Con todas estas inquietudes del corazón, este
puede ser el momento indicado para revelar algo de su historia a
alguien.

A medida que considera esto, habrá mucho en que pensar. ¿Es
mejor decírselo a una amiga primero, o quizás a una hermana o a una
prima? ¿Su iglesia es un lugar seguro en donde pedir ayuda? ¿Cuáles son

los recursos disponibles en su zona? Claire contaba su historia poco a poco, dejándole indirectas a su pastor. El pastor era tan perceptivo como rápido en actuar según la información que ella le iba dando.

ALGUIEN MÁS CONTANDO SU HISTORIA

John y Carolyn Kent[3] tenían solamente una semana de casados cuando se llamó a la policía para intervenir en un arrebato violento. En las comunidades rurales no es raro que la gente sepa mucho sobre las vidas de sus vecinos. El policía encargado del caso sabía que Carolyn y John eran miembros de la Iglesia Seaside United Methodist y que su pastor colaboraba en el proyecto de alojamiento para la gente de bajos ingresos donde vivían. Entonces él decidió llamar al pastor para que interviniera. «Yo estaba allí en dos funciones», explicó el Rev. Smythe después. «Actuaba como enlace y representante del comité de alojamiento y también como su pastor».

Los Kents habían vivido juntos antes de su matrimonio y tenían dos hijos pequeños que asistieron a la boda. John y Carolyn bebían demasiado alcohol y ambos tenían padres alcohólicos. Además, había una larga historia del abuso sexual en la familia de John; y recientemente descubrieron lo mismo en la familia de Carolyn. En aquel entonces, la mamá de John estaba viviendo con un hombre que la abusaba físicamente. Así que la violencia prevalecía en ambas familias.

Según el pastor, la pareja carecía de las habilidades aun más básicas de educar a los niños. Cuando los visitaba, no era raro ver un biberón en medio de toda clase de botellas de cerveza y licor en la mesa de la cocina.

Cuando John y Carolyn estaban sin trabajo, una situación intermitente durante todo el año, la bebida y la violencia aumentaban. Ambos tenían muy baja autoestima y les hacía mucha falta tener modelos para imitar.

Al recibir las llamadas, el policía y el pastor llegaron con rapidez a la casa. «Cuando llegué, vi que todas las ventanas estaban hechas trizas… él tenía a Carolyn prendida a la pared, pero ella también era peleona… los dos estaban sangrando», reportó el pastor.

Carolyn atacó a John con un cuchillo y este le correspondió, dañando ambos la casa. La propiedad estaba muy dañada. No maltrataron a los niños físicamente pero el Rev. Smythe notó que John y Carolyn «eran pequeños volcanes a punto de explotar». Sin una intervención rápida, podrían haber matado a alguien.

A Carolyn no le agradó nada que el pastor se metiera en el asunto, pero los vínculos familiares de John con la congregación a largo plazo facilitaron la intervención y el apoyo pastoral. El pastor inscribió a John en un programa que lo ayudaría a reconocer su conducta abusiva y a evitar casos de violencia en el futuro. Este programa (en otra comunidad) para hombres que abusaban a las esposas era un tratamiento asignado por la corte. El Rev. Smythe se mantenía en contacto con John para verificar su progreso y ofrecerle consejos auxiliares.

La historia de Carolyn nos enseña varias cosas:

- La violencia en las familias pobres a veces se descubre por una persona de afuera, como consecuencia de la dependencia de la familia en la ayuda económica del estado.

- Frecuentemente, el abuso de sustancias químicas y la violencia coexisten en las familias.

- A menudo la violencia se traslada de generación en generación.

- A los policías se les enseña a trabajar conjuntamente con otros profesionales para responder al abuso.

- Es difícil guardar secretos sobre el abuso en las comunidades rurales.

- Los pastores y los sacerdotes no trabajan solamente con las víctimas sino también con los que instigan la violencia.

Los hogares pueden volverse sumamente violentos. Es mucho mejor para todos si los miembros de la familia piden ayuda de afuera antes de que todo se intensifique al punto de que alguien tenga que llamar a la policía.

Puede que usted, como Carolyn, haya encontrado a algunos que traten de rescatar a usted y sus hijos. O, como ella, usted tiene un problema con el enojo. Tal vez vive en un proyecto de alojamiento subvencionado por el gobierno. Posiblemente no quiere que un pastor intervenga. Pero de todos modos, es importante que usted hable con alguien de confianza acerca de la violencia y su miedo. No espere más. Hay muchas personas que quieren arrimar el hombro y que tienen la habilidad de ayudarla a vivir libre del abuso. Pida auxilio pronto. Busque a alguien de confianza con quien pueda hablar.

REVELANDO TODA LA HISTORIA

Martha y Mitchell Brook[4] eran ancianos, una pareja sin antecedentes de abuso de alcohol o drogas. Tuvieron períodos de altibajos en su relación durante los años, pero nada de violencia hasta que Mitchell se jubiló de su profesión de consejero en la escuela secundaria. La dificultad se derivaba del hecho de que toda su autoestima estaba conectada directamente con su trabajo. Cuando dejó de trabajar no podía encontrar nada que le diera el mismo sentido de valor o que llenara el vacío. Le parecía que todo su trabajo duro, su entusiasmo, y sus horas largas de servicio habían desaparecido como un vapor. El mañana le ofrecía

---

No se mantenga más en silencio

LA ELECCIÓN DE ROMPER EL SILENCIO DEPENDE DE...

reflexionar sobre cuánto dolor ha sufrido

recordar las promesas quebrantadas por parte de su pareja

considerar el nivel de temor que siente

cobrar valor para reaccionar

darse cuenta de que sus hijos también fueron dañados por la violencia

saber que hay esperanza para una vida libre de abuso

pocas promesas, cada día llegaba a ser una carga, cada día solamente le brindaba más tiempo con su esposa.

Mientras Martha tenía varias amigas con quienes salía para almorzar o iba de compras, Mitchell estaba muy aislado. Él sentía que estaba perdiendo el control de todos los aspectos de su vida. Tenía sus buenas camisas planchadas y colgadas en el ropero, pero no tenía ningún lugar a donde podía ir vestido con ellas. No había necesidad de poner el despertador para las siete y quince de la mañana para cumplir su rutina matutina de afeitarse, ducharse y desayunar. ¿Quién sabría o a quién le importaría si él dormía hasta mediodía?

Martha era una mujer un poco severa y práctica; ella había trabajado como enfermera y ya estaba jubilada. Pero para Martha la jubilación le proporcionaba el tiempo para los pasatiempos y aficiones que ella había anticipado. Por fin tenía la oportunidad de seguirlos con pasión, a solas o con sus amigas. Puesto que sus hijos estaban grandes y tenían sus propias familias en otras partes del país, el nido de los Brooks estaba vacío.

Un día Martha llamó al pastor para hacer una cita para los dos. Cuando entraron en el estudio pastoral, Martha le reportó el incidente que había precipitado su llamada. Ella era una mujer muy fuerte y le dijo a su marido en voz alta: «¡Pues, tú me pegaste!»

Mitchell quedó devastado al oír la revelación de su esposa en la presencia del pastor y se sentía humillado por su propia conducta violenta. Él sabía que Martha no tenía preocupaciones económicas porque ella tenía su propia pensión y era capaz de mantenerse sola. Mitchell se daba cuenta de que él tenía mucho que perder si ella lo dejaba. Sabía que había perdido completamente el control de sí mismo y que si no cambiaba pronto, su esposa *lo dejaría*.

El pastor concluyó que el matrimonio de los Brooks podía componerse. En su opinión lo que Mitchell necesitaba más era una infusión de autoestima. Así que le recomendó a Mitchell que comenzara a trabajar como voluntario en la escuela primaria local donde había un programa para hombres y mujeres mayores que leían a los niños; y escuchaban a los estudiantes leer en voz alta. Además, el pastor introdujo a Mitchell a un grupo de señores jubilados que habían formado un club de desayuno en una iglesia cercana. Estas actividades podían sacar provecho de sus habilidades como educador y acrecentar su autoestima por medio de la amistad.

El pastor quedó en contacto con los Brooks y los ayudó con otros problemas matrimoniales. Nunca volvió a suceder ningún acto violento.

Por medio de la historia de Martha aprendemos varias cosas:

* La pérdida del trabajo o de la autoestima a veces está relacionada con la violencia.
* El abuso puede suceder a cualquier edad.
* Las mujeres que tienen su propia ganancia y ahorros están menos dispuestas a guardar silencio acerca de su abuso.
* Ocasionalmente el abuso sólo ocurre una vez.
* La atención pastoral seguida puede ser una acción muy consoladora para una mujer que ha sido una víctima.

Mientras usted lee la historia de Martha y reflexiona sobre la suya, posiblemente verá que para ella, el pedir ayuda fue muy fácil. Tenía la autoestima fuerte, una identidad aparte de Mitchell, y los recursos económicos para mantenerse sola porque había trabajado muchos años en un buen empleo.

Para muchas mujeres no es posible hacer lo que Martha hizo. Pero, recuerde que *siempre* es difícil hablar de los problemas de la familia. Casi siempre nuestra reacción inmediata es esconder la vergüenza y guardar el secreto. El acto único de violencia de Mitchell nunca volvió a pasar en parte porque Martha reaccionó con rapidez.

LA REVELACIÓN DEL ABUSO

Es muy difícil informar a alguien del abuso. Muchas mujeres guardan el secreto rigurosamente por toda la vida.

En 1993 Statistics Canadá hizo el primer estudio nacional que hubo en todo el mundo sobre la violencia contra la mujer.[5] Por medio de entrevistas telefónicas, obtuvieron la información de 12.300 mujeres de la edad de dieciocho en adelante. Los resultados demostraron que tres mujeres canadienses de cada diez actualmente o anteriormente casadas, o de las que viven con su pareja, han sufrido por lo menos un incidente de violencia física o sexual por su compañero. Una de cada seis mujeres casadas reportan el abuso por su marido; y una de cada dos mujeres casadas anteriormente reportan el abuso en su matrimonio previo. Una de cada tres mujeres abusadas por su esposo sentía que su vida peligraba en una que otra ocasión.

Las señoras con un suegro violento tenían tres veces más riesgo de abuso que las mujeres con un suegro que no era violento. En casi la mitad de las casas violentas, los niños atestiguaban la violencia en contra de su mamá. Las mujeres que vivían con hombres que bebían alcohol habitualmente tenían más riesgo que las que vivían con hombres que no bebían. Casi uno de cada dos incidentes de asaltos en contra de las esposas resultó en una herida, aunque solamente en un caso de cada cuatro las mujeres solicitaron atención médica.

¿A dónde fueron estas mujeres para buscar socorro? Algunas reportaron la violencia a la policía, otras a una agencia de recursos comunitarios, otras a su médico, otras llamaron a un albergue. Casi ninguna mujer lo reportó a su pastor. Asombrosamente, ¡una de cada cinco víctimas nunca había revelado la violencia a nadie antes de reportarla a un entrevistador telefónico de Statistics Canadá!

En los Estados Unidos, uno de los investigadores principales de la violencia familiar es el doctor Murray Straus del Family Research Laboratory de la Universidad de New Hampshire. Su equipo ha concluido que alrededor de una de cada seis parejas reporta por lo menos un episodio violento por año, y una en cuatro parejas ha tenido por lo menos un incidente violento alguna vez durante su relación.[12] Unas veintenas de niños han visto a su padre atacar a su madre; o ellos mismos han sido víctimas del enojo de sus padres.[13] Ninguna comunidad de fe ni vecindad es inmune al abuso. Aunque la violencia sucede con más frecuencia detrás de puertas cerradas, los patrones son iguales en las habitaciones a través de la nación. La vergüenza y los secretos son reacciones inmediatas al dolor y a la humillación de las víctimas. Muchas mujeres gastan tanta energía tratando de guardar el secreto de su abuso que no tienen fuerzas para buscar ayuda. El problema es tan extenso que algunas personas declaran que todas las mujeres viven con el miedo o la realidad de la violencia.[14]

El abuso es serio. Puede amenazar la vida. Y puede dañar a las vidas de sus hijos por muchos años.

Alrededor del mundo las mujeres están abusadas

USTED NO ESTÁ SOLA...

La violencia doméstica es una de las causas principales de las heridas y las muertes de las mujeres alrededor del mundo.[6]

La Organización Mundial de la Salud dice que una de cada cinco mujeres en el mundo es abusada física o sexualmente durante su vida.

La violencia basada en género causa más muertes e incapacidades en las mujeres de las edades entre 15 y 44 años que el cáncer, la malaria, los accidentes de automóvil o la guerra.[7]

Las mujeres alrededor del mundo reportan a sus gobiernos que la violencia familiar es una de sus preocupaciones principales.[8]

Las jóvenes de menos de 25 años en Canadá tienen el más alto riesgo de asesinato por un esposo violento.[9]

El cirujano general de los Estados Unidos reporta que la violencia doméstica es la causa principal de heridas en las mujeres estadounidenses. La suma resulta en más visitas a salas de emergencia que el total de los accidentes de automóvil, asaltos y violaciones combinados.[10]

Es mucho más probable que las víctimas femeninas del homicidio en los Estados Unidos sean matadas por un esposo, ex-esposo, o novio que las víctimas masculinas sean matadas por su esposa, ex-esposa, o novia. En el año 2000, aproximadamente treinta y tres por ciento de los homicidios a víctimas femeninas (1.247 mujeres) fueron cometidos por un hombre íntimo.[11]

El encontrar un lugar seguro para contar su historia no siempre es fácil. ¿Debe ir a su iglesia? En el próximo capítulo vamos a considerar cómo se encuentra el apoyo espiritual que necesita como víctima del abuso. ¿Debe ir a una agencia comunitaria? En el capítulo cuatro examinamos varias formas de ayuda disponibles en la comunidad. Pero es de suma importancia que usted pida ayuda en alguna parte. No guarde silencio sobre lo que está pasando en su casa. Tiene que revelárselo a alguien. Dígaselo pronto a alguien.

Sólo usted puede decidir adónde ir primero. En las páginas siguientes vamos a examinar algunos de los factores a considerar mientras toma su decisión. A veces una iglesia no es un lugar seguro para divulgar que usted ha sido víctima del abuso. En ocasiones, una agencia comunitaria o un albergue no es el mejor sitio para hablar de su fe en Dios o su afecto para con la iglesia. De manera que tendrá que investigar más que un lugar de ayuda en su camino hacia la sanidad.

Tristemente, muchas mujeres cristianas guardan el secreto con los labios sellados. ¿Y qué es lo que las hace mantener el silencio? El temor.

Puntos a considerar si usted es víctima de abuso

Muchas mujeres que han sido violadas no sienten que la expresión "mujeres abusadas" se aplique a ellas.

Buscar ayuda tan pronto como ocurra el primer incidente violento envía un claro mensaje al abusador a la vez que le brinda apoyo inmediato a usted.

Los hijos también son víctimas, aunque nunca hayan sido heridos físicamente por el padre abusador.

Esté consciente en cuanto a que responder a sus necesidades como mujer abusada puede poner en peligro a otros con la furia de su esposo.

No le diga dónde ha ido a pedir ayuda.

No vea solamente a una persona para ayudarle en caso de necesidad. Después que le diga a esa persona, trate de conocer todos los lugares donde pueda obtener ayuda y todas las personas que puedan darle apoyo.

PARA LA REFLEXIÓN ESPIRITUAL

Como muchas mujeres, ella había esperado demasiado tiempo para revelar su secreto trágico. Ahora, para salvar a sus hijos, ella tenía que dar a conocer su situación desesperada. Su ansiedad la hacía tropezar mientras andaba en piernas atiesadas con el desgano. La viuda del profeta había escogido a Eliseo como su mejor recurso, buscando a un consejero espiritual, al igual que muchas personas. ¿La revelación desacreditaría a su esposo? ¿Eliseo la acusaría de carencia de fe o de no manejar bien su casa?

La muerte de su esposo la había dejado con pocos recursos económicos, y ella no estaba acostumbrada a manejar las finanzas de la familia. No podía pagar las deudas así que un acreedor estaba al punto de apoderarse de sus dos hijos preciosos como esclavos. Ellos quedarían toda la vida en esclavitud, hasta el año de jubileo. Cuando ella llegó a Eliseo le explicó todo con rapidez: «Tu siervo mi marido ha muerto; y tú sabes que tu siervo era temeroso de JEHOVÁ; y ha venido el acreedor para tomarse dos hijos míos por siervos» (2 Reyes 4.1).

Eliseo no le ofrece dinero para resolver su problema. En vez de eso, la manda a usar sus propios recursos y los de sus vecinos. Pronto sus preguntas muestran que ella no tiene nada en casa con excepción de una vasija de aceite. Como Agar, ella buscaría una manera de usar lo que tiene disponible. Puesto que no tenía otros recipientes, era necesario pedir prestado una gran cantidad de jarras vacías de sus amigos y vecinos. Esta sería una ocasión de contribuciones por parte de la comunidad, no de secretos, sino de apoyo. Al final ella les devolvería los recipientes prestados, pero al principio tenía que usarlos como una parte de su proceso de liberación.

Según las instrucciones de Eliseo, la viuda regresa a casa, pide prestadas las vasijas, las lleva a su casa con sus dos hijos y cierra la puerta. La comunidad ha sido amable pero hay un trabajo que ella sola tiene que hacer. Tiene que echar aceite en cada una de las vasijas que ellos han acumulado.

Mientras los niños traen una jarra tras otra, ella las llena con el aceite de su vasija. Ella trabaja sin parar, echando aceite que salvará a su familia de la esclavitud y la deuda. Finalmente con su vasija pequeña todavía llena hasta el tope, pide una jarra más; pero todas están llenas. Entonces el flujo milagroso se acaba.

Así que sale de la casa con alegría corriendo para compartir las noticias no solamente con Eliseo, sino también con todos los vecinos que la ayudaron. Otra vez Eliseo le da una instrucción: «Ve y vende el aceite, y paga a tus acreedores; y tú y tus hijos vivid de lo que quede» (2 Reyes 4.7). Ella será responsable de nuevo de manejar los recursos familiares, ya liberada del miedo terrible que había amenazado la seguridad y bienestar de sus hijos. Había descubierto la bendición que viene a través de la dirección espiritual, la ayuda de otras personas y la guía de cómo seguir adelante. Sobre todo, aprendió que el poder de Dios puede funcionar en y por ella.

Toda la Biblia trata de Dios y cómo libera a la gente de la opresión. El gran evento de la salvación del Antiguo Testamento es la liberación del pueblo de Israel de la esclavitud y del genocidio en Egipto.

Dios declara a Moisés: «Bien he visto la aflicción de mi pueblo que está en Egipto, y he oído su clamor a causa de sus exactores; pues he conocido sus angustias, y he descendido para librarlos de mano de los egipcios, y sacarlos de aquella tierra a una tierra buena y ancha…El clamor, pues, de los hijos de Israel ha venido delante de mí; y también he visto la opresión con que los egipcios los oprimen» (Éxodo 3.7-9; véase también a vv. 16-17). Tal como Dios vio y oyó a Agar, esta vez vio y oyó a los israelitas.

El rescate no pasó en seguida y al principio muchos de los hijos de Israel no querían creerlo. Pero finalmente el milagro vino. La gente se fue de Egipto y caminó sobre tierra seca a través del Mar Rojo. Israel fue liberado de una situación que parecía insuperable y el pueblo quedó verdaderamente libre.

Después de eso se recordaba la bondad, el poder, la atención cariñosa y la provisión de Dios. El éxodo, la liberación de una gente esclava, se convirtió en el evento decisivo de la historia de Israel. Luego habría otros momentos decisivos cuando los israelitas atravesaron el desierto e hicieron voto de ser su pueblo como Él sería su Dios. Entraron en la Tierra Prometida como una gente libre que había experimentado encuentros verdaderos con Dios su Señor. Cada vez que el fracaso moral y espiritual los llevaba a la opresión de sus enemigos, Dios levantó a sus liberadores (Jueces 2.16) con sus medios maravillosos de liberación.

La Biblia está llena de historias de individuos que han sido salvados de la esclavitud, la degradación y el abuso. Una y otra vez, las Escrituras expresan el deseo de Dios de librar a las personas que están oprimidas y asaltadas, y de darles una nueva identidad (Isaías 62.2-4).

Porque tú nos probaste, oh Dios;
Nos ensayaste como se afina la plata.
Nos metiste en la red;
Pusiste sobre nuestros lomos pesada carga.
Hiciste cabalgar hombres sobre nuestra cabeza;
Pasamos por el fuego y por el agua,
Y nos sacaste a abundancia.
(Salmo 66.10-12)

¡Qué similar es esto a lo que algunas mujeres han sufrido! Encarceladas como prisioneros en sus propias casas, aisladas de sus amigas y familia, abusadas física, mental y sexualmente, de veras han pasado «por el fuego y por el agua».

El lugar de abundancia de Dios está esperando a las mujeres con el valor suficiente para hallarlo. Eso puede ser difícil de creer si usted ha sido oprimida y no se le ha enseñado que usted es heredera del reino de Dios. Pero hay un oasis de sanidad y una restauración de su identidad. Ésta es la promesa de Dios y Él es fiel y verdadero.

TRES

¿Dónde busco apoyo espiritual?

EN UN FRESCO DÍA DE OCTUBRE, UN GRUPO DE HOMBRES Y MUJERES se reunieron para una conferencia sobre historia eclesiástica. A diferencia de muchas reuniones donde doy una charla, esa conferencia no estaba dedicada específicamente a un discurso sobre el abuso ni a cómo la iglesia debe responder a las necesidades de las personas en crisis. El enfoque era en cambio intelectual, y las personas que estaban reunidas eran mayormente individuos intrigados por ideas.

Durante el almuerzo posterior a mi charla, una mujer pequeña se me acercó y me preguntó en voz baja: «¿Podríamos hablar un momento?» Antes de que pudiera consentir, ella continuó: «Creo que mi historia podría interesarle». Éstas son palabras que he llegado a apreciar cada vez más cuando he tenido oportunidades de hablar en público sobre la violencia.

Nos sentamos en una mesa vacía en medio del ruido de casi cien personas que recogían su comida mientras ejercitaban sus voces después de horas de escuchar a los oradores. Mary abrió las compuertas. «Estaba casada con un clérigo», comenzó.

Durante varios años y en muchas ocasiones, su marido la había golpeado corporalmente y había lanzado palabras duras a su espíritu. Mary acabó huyendo de la casa del párroco donde vivía y se fue a un albergue para mujeres abusadas en una comunidad cercana. Allí se encontraba con un grupo de mujeres que comprendía la violencia que ella había aguantado y tenía mucha empatía con ella en su necesidad de tener un lugar seguro donde vivir; pero estas mujeres no entendían bien la importancia de su fe ni la hermosura que encontraba en las tradiciones de la iglesia. Atendieron bien a sus necesidades físicas en el albergue y el personal la cuidaba bien, pero el espíritu de Mary seguía sangrando.

Cuanto más hablábamos, más surgían sus preguntas: ¿No le importó a nadie de su congregación que ella se había desaparecido? ¿Por qué nadie la estaba buscando? ¿Cómo explicó su marido la ausencia de su esposa? ¿Qué clase de ayuda le ofrecía la iglesia cuando ella estaba necesitada? ¿Dónde estaba Dios en su sufrimiento?

Un día, por casualidad Mary estaba dando un paseo a unas cuadras del albergue cuando se halló cara a cara con el obispo que era el supervisor de su esposo y responsable por el bienestar de la congregación. Aunque le parecía que el obispo no tenía ningún interés de hablar con ella, Mary lo arrinconó, acribillándolo con preguntas. «¿Sabía usted que estoy viviendo en un albergue? ¿Sabe usted por qué las mujeres huyen a los albergues? ¿Por qué no vino a visitarme?»

Cuando Mary me dijo lo que el obispo le contestó, sus ojos y los míos se llenaron de lágrimas. El obispo no quería que nadie lo viera en un albergue para mujeres abusadas. Él no quería verla. No quiso creer que su esposo, un sacerdote parroquial, fuera violento. Así que el obispo había tomado el camino más fácil. *Rehusarse a ver las heridas. Fingir que no existen. Dar media vuelta.* Él respondió como el sacerdote y el levita en la parábola del buen samaritano.

Aunque muchos años habían pasado desde sus días en el albergue para mujeres abusadas, todavía se dolía porque los líderes de la iglesia la habían ignorado en su crisis. Hacer la vista gorda no borra el dolor ni el impacto a largo plazo del abuso. Es más, el dolor y el impacto pueden extenderse mucho más allá de la familia misma.

Usted sabe que hay necesidades espirituales en su interior cuando se habla a sí misma diciendo lo siguiente...

¿Dónde está Dios en medio de mi sufrimiento?

¿Dios se ha dado por vencido conmigo?

¿No le importo a Dios?

¿Qué hice para merecer esto?

Soy una persona mala; no hay esperanza para mí.

Desde mi niñez he decepcionado a las personas a mi alrededor.

Nadie me ama.

Mis padres me decían que era tonta. Tenían razón.

A lo mejor no soy cristiana si esto me está pasando.

Le prometí a Dios que iba a quedarme con él para bien o mal.

Tal vez si yo hubiese orado más por mi esposo, él no me habría pegado.

¿Dios quiere enseñarme algo por medio de todo mi sufrimiento?

Estaré condenada al infierno si me divorcio.

El consejero del albergue cree que mi religión es responsable por el abuso.

¿Cómo puedo volver a presentarme ante la gente de mi iglesia?

Quiero que mis hijos crean que somos una familia cristiana feliz.

Si dejo a mi marido, ¿mis hijos me perdonarán alguna vez?

¿Todavía puedo cantar con el grupo de alabanza si estoy divorciada?

LOS ASUNTOS ESPIRITUALES RELACIONADOS CON EL ABUSO

Como Mary, posiblemente usted tenga algunas necesidades angustiantes mientras comience a rehacer su vida después de decirle «no» al abuso. Aunque el personal de la mayoría de los albergues está entrenado para responder a las necesidades urgentes de las mujeres y niños que buscan protección, muchas veces no saben cómo aconsejar a las mujeres con respecto a su camino de fe. Muchas cristianas abusadas se sienten tironeadas entre su compromiso con Dios y su iglesia, y el apoyo y la ayuda de los consejeros y las agencias de la comunidad. Tal vez usted ya haya experimentado este conflicto si ha pedido auxilio afuera de su comunidad de fe.

Mientras usted sigue adelante hacia la integridad, va a ver que su lucha tiene dimensiones espirituales. Estos aspectos espirituales pueden ayudarla u obstaculizarla. Hay preguntas y necesidades que tienen que ser resueltas. Cuando usted busca apoyo en la resolución de estos conflictos profundos, su fe será un gran recurso en su camino hacia la sanidad. Si usted trata de no hacerles caso a estos conflictos o minimizarlos, su recuperación será mucho más difícil.

¿Quién puede ayudarla a examinar a fondo todas las cuestiones espirituales que surgen en medio de su angustia? ¿Quién puede asistirla a explorar sus sentimientos de culpa? ¿Quién puede enseñarle lo que la Biblia dice sobre la protección de su propia seguridad y la de sus hijos? Normalmente sólo una persona con preparación pastoral; un pastor u otro líder religioso; va a ser capaz de desenmarañar las cuestiones que asaltan su consciencia. Tal persona puede ayudarla a saber cuándo ha malentendido las enseñanzas bíblicas sobre el sufrimiento, la fidelidad y la paciencia.

Nosotros usamos la frase: «el lenguaje del espíritu» cuando hablamos del apoyo espiritual que está basado en los principios bíblicos y que tiene sus raíces en una comunidad de fe. Para el creyente que ha sido abusado, el lenguaje del espíritu tiene que acompañar al lenguaje de la cultura contemporánea en el camino hacia la sanidad.

Si usted pide auxilio a un consejero profesional, al personal de una agencia de la comunidad, o a un albergue, posiblemente se sentirá presionada a menoscabar su identidad cristiana. Puede que esté preocupada de que el personal que no comparte sus creencias religiosas piense que el abuso ha sucedido *porque* usted es cristiana. Tal vez quiera proteger a su iglesia de crítica o a sí misma de preguntas poco compasivas acerca de su compromiso como creyente.

Algunas preguntas y sentimientos que surgen en una mujer de fe que sufre del abuso

abandono: *¿Dónde está Dios ahora?*

creencias acerca de la vida cristiana: *¿Qué es lo que Dios espera de los creyentes?*

creencias acerca del matrimonio: *Hice un voto para bien o mal.*

creencias acerca de la separación y el divorcio: *¿Es el divorcio una opción para los cristianos?*

búsqueda del significado: *¿Qué hice yo para merecer esto?*

Esto significa que las mujeres cristianas que son golpeadas como usted, son cautelosas acerca de cuánto de su historia, y a quién se la deben revelar. En los círculos eclesiásticos, quizás usted menoscabe el impacto del abuso. En el ambiente del albergue, tal vez guarde el secreto de su fe. A veces, una mujer que es víctima decide ocultar las creencias religiosas del abusador.

Por un lado, los recursos seglares nos dicen que todas las mujeres abusadas tienen que encargarse de sus propias vidas mientras responden al impacto de la violencia y el abuso. Sin embargo, para la mujer con poco dinero y baja autoestima, esto es sumamente difícil.

Por otro lado, el lenguaje del espíritu habla de la recuperación y la conexión con Dios y con hermanas y hermanos de la familia de Dios. Para las mujeres que creen que han fracasado en su matrimonio, esto también resulta muy difícil.

Sin embargo, cuando los recursos de la cultura contemporánea y del mundo espiritual se combinan, los creyentes abusados son fortalecidos y apoyados para luchar contra aun los miedos más grandes. **Abandono.** Quizá usted piense que Dios la ha abandonado en su hora de necesidad. Posiblemente se sienta sola, desconectada de todos sus amigos y su familia, como una cabra separada de las ovejas del rebaño del Buen Pastor. Cada mujer abusada se siente abandonada y asustada. Pero para la mujer cristiana que cree que Dios es omnipresente, esto es particularmente doloroso. Su pena refuerza el sentir de culpabilidad por los problemas de su matrimonio. Puede que usted se crea responsable por la felicidad de su esposo, por manejar su tensión y mantener la estabilidad de la relación.

Un pastor u otro líder religioso puede hablar francamente con usted sobre estos sentimientos, tal vez haciéndole recordar los personajes bíblicos que se sentían abandonados; o contándole de nuevo unas historias bíblicas que tienen que ver con las familias disfuncionales y abusivas. **Creencias acerca de la vida cristiana.** Quizás usted ha pensado que sus experiencias de abuso la han empujado hacia los márgenes de lo que debe ser una familia cristiana. Así que se siente culpable y a la vez atrapada; pareciera que hay poco para hacer para cambiar las cosas.

Para combatir la confusión acerca de la vida cristiana, un pastor puede ayudarla a pensar en quién es Dios realmente. Él o ella la ayudará a hacer las preguntas importantes: ¿El Dios que usted alaba querría que usted tenga una relación con alguien que es abusivo verbal y físicamente? ¿Quiere Dios que las personas vivan en relaciones malsanas sin paz o estabilidad?

Preguntas como estas la ayudarán a examinar sus circunstancias a la luz de la realidad de Dios. La asistirán a ver cuán distinto es el deseo de Dios para las familias en vez del abuso que usted está soportando. De hecho, la paz y la tranquilidad en el hogar son centrales a la enseñanza bíblica sobre las familias piadosas (véase apéndice dos). **Creencias acerca del matrimonio.** Un pastor es la persona apropiada para responder a su ansiedad relacionada con el voto que hizo ante Dios de amar y atender a su esposo «para bien o mal». En realidad, nuestra investigación demostró que cuando una víctima finalmente decide pedir auxilio, toma la oportunidad de hablar con el ministro o el sacerdote que los casó, aun si ella o él vive muy lejos. Tal vez ella esté buscando permiso para dejar el matrimonio abusivo. Es posible que ella quiera decirle al pastor lo que salió mal. Quizá usted también piense que todo lo que ha creído sobre el matrimonio está al punto de ser destrozado. Un pastor sabio puede asegurarle que no ha quebrado su promesa; es el hombre que la maltrató quien ha quebrantado el voto del matrimonio.

Creencias acerca de la separación y el divorcio. Muchas víctimas cristianas luchan interiormente preguntándose si el divorcio es una opción para un creyente. Quizás ahora mismo usted esté atormentada con esto. Para muchos ministros también esto es muy difícil; tienen conflictos entre su creencia que «el matrimonio es para siempre» y la realidad de la violencia en casa. En las palabras de un pastor: «Creo plenamente en el compromiso del matrimonio y deseo profundamente que sea de suma importancia, pero hay ciertos casos en los cuales es obvio que aunque uno haga todo lo posible para preservar el matrimonio, existe una situación que justifica la separación. Y yo les aconsejaría a la gente exactamente así».[1]

Muchos consejeros pastorales notan que la violencia es lo que termina la relación y no la decisión de la víctima de irse. La mujer abusada no es responsable por el fracaso matrimonial. En la seguridad de su estudio pastoral, un ministro ofreció el siguiente consejo: «El mensaje cristiano de resurrección es uno de vida nueva. En las situaciones o las relaciones que han recibido el golpe mortal, sin duda una vida nueva tiene que esperarse. El discernir en qué consiste una vida auténtica y nueva es un problema que va a requerir un gran esfuerzo, preferiblemente con un consejero pastoral. En muchos casos esta vida nueva requiere el reconocimiento de que la relación ha fallecido, y el divorcio se convierte en el entierro».[2]

El Antiguo Testamento hizo provisión para el divorcio de una esclava de su señor si él le negaba su comida, ropa y amor (Éxodo 21.10-11). Las cortes judías permitían que las mujeres libres se divorciaran de sus esposos por las mismas razones.

El apóstol Pablo permitió el divorcio en el caso de un incrédulo que quería dejar el matrimonio: «Pero si el incrédulo se separa, sepárese; pues no está el hermano o la hermana sujeto a servidumbre en semejante caso, sino que a paz nos llamó Dios» (1 Corintios 7.15).

Elementos espirituales del camino hacia la sanidad

EL RECONOCIMIENTO DE SU SUFRIMIENTO

Sus experiencias de abuso son compartidas con muchas mujeres en nuestra comunidad, a través del país y en cada nación del mundo. *Usted no está sola.*

El abuso sucede en toda clase de familias, con los creyentes y los no creyentes. *El abuso sucede en las familias que asisten a la iglesia también.*

Hay muchos cristianos que desean ayudar a las familias en crisis pero no saben qué hacer. *Usted tiene que informar a los demás de cómo pueden ayudarla.*

Muchos pastores tienen información sobre la violencia en el hogar; de hecho es posible que hayan puesto un folleto sobre el abuso en el baño de la iglesia. *Es importante que usted obtenga mucha información sobre el abuso, ya sea en la iglesia o en una agencia comunitaria.*

LA CONDENACIÓN DE LA CONDUCTA ABUSIVA

El abuso es malo, en cualquier idioma, tiempo, y cultura. *Lo que le pasó a usted es malo. Usted no tiene la culpa.*

El Dios que servimos ha condenado la violencia en las Sagradas Escrituras. *En la Biblia, Dios habla en contra de la violencia. Léalo en la Palabra de Dios.*

Muchas iglesias y muchos grupos de fe se oponen fuertemente a que los hombres golpeen a las mujeres o que las mujeres golpeen a los hombres. *Infórmese sobre lo que su congregación hace para apoyar la vida familiar libre de violencia.*

LA EMPATÍA

Hay personas que se sentirían privilegiadas de saber lo que está pasando en su vida. *Tenga la libertad de llamarlas a ver si tienen tiempo, sólo para escucharla. Tal vez algún día ellos mismos tendrán que pedirle auxilio a usted.*

Va a ser muy difícil hablar del abuso. Las personas que la escuchen tienen que prometerle que guardarán su confidencialidad.

Posiblemente usted vaya a tener muchas necesidades prácticas. ¿Cuáles son algunas cosas que su iglesia puede hacer para atenderla ahora? No deje de informarle a un líder de la congregación; de otra manera, no sabrá lo que usted necesita.

SUS NECESIDADES INMEDIATAS
Tiene que preparar un plan de seguridad. *¿Ha pensado en poner copias de sus documentos importantes, efectivo extra, y los números de teléfono de las agencias en un lugar seguro en caso de que tenga que huir de prisa?*

En un momento de peligro va a necesitar auxilio. *¿Está en comunicación con alguien de la iglesia o con un albergue instruido en cómo ayudar a una persona en peligro inmediato?*

La policía está entrenada para responder a una llamada de emergencia. *Siempre puede llamar al 911 o a la policía local directamente si tiene alguna necesidad urgente.*

RECOMENDACIONES
Esté informada sobre los recursos que hay en su zona para amparar a las familias afligidas. *¿Está enterada de las agencias y programas en su comunidad que podrían ayudarla?*

Manténgase informada del nombre del albergue local para mujeres abusadas y cómo conseguir asistencia allí. *Guarde el número de teléfono del albergue en un lugar seguro en caso de que quiera hablar con un trabajador de allí algún día o que tenga que huir de su casa de prisa.*

Averigüe si su iglesia tiene un equipo de personas que responda a las emergencias. *Un ministro o una líder deben ser capaces de darle los nombres de una o dos personas que podrían atenderla en caso de una crisis.*

Es precisamente en el contexto de un matrimonio atormentado que Pablo dice: «Dios los llamó a paz». Algunos cristianos piensan que estas palabras solamente se aplican al caso de un cristiano casado con un incrédulo. Pero Mateo 18.15-17 nos manda a tratar al no arrepentido como incrédulo. También dice 1 Timoteo: «Porque si alguno no provee para los suyos, y mayormente para los de su casa, ha negado la fe, y es peor que un incrédulo» (1 Timoteo 5.8).

Intentos de encontrar significado. En el período después de la violencia, la mente y el corazón de la mujer abusada se inundan de preguntas. A veces el individuo aun se pregunta si el maltrato es un castigo de Dios. Desde su llanto, una víctima grita:[3] «¿Por qué sucede esto?... Nunca hice nada para merecer esto. He estado asistiendo a la iglesia durante toda mi vida. He estado tratando de llevar una buena vida».

Tal vez usted se esté preguntando: *¿Estoy siendo castigada por algún mal que hice?* Algunas víctimas señalan un embarazo antes del matrimonio o un aborto legal o la intimidad sexual pre-matrimonial como razones posibles que Dios tendría para castigarlas actualmente. Otras víctimas se echan la culpa a sí mismas (sus actitudes y conducta), por la ira y la violencia de su esposo.

Nadie merece el abuso. Por supuesto usted no ha sido perfecta. ¿Y quién es perfecto? Su tarea es pedirle a Dios que la ayude a saber cuando ha estado equivocada y cuando se trata de una falsa culpabilidad. Recuerde que Satanás es el que acusa a los fieles (El Apocalipsis 12.9-10); la palabra griega para «diablo» (*diabolos*) en realidad significa «acusador».

Cuando estamos subyugadas por nuestros errores pasados no podemos avanzar en acción constructiva. La buena noticia es que somos perdonadas por medio del sacrificio redentor de Cristo. «Llevó él mismo nuestros pecados en su cuerpo sobre el madero, para que nosotros, estando muertos a los pecados, vivamos a la justicia» (1 Pedro 2.24). Dios nos ha llamado a libertad. Tenemos el derecho de la seguridad de haber sido perdonadas.

Posiblemente vea que hay personas que quieren forzarla a sentirse culpable. Los abusadores tienen la costumbre de decir: «Todo es tu culpa», trasladando la culpabilidad de ellos mismos a usted. Pero su carga ya es demasiado pesada. No asuma la culpa por la violencia. *Nadie merece el abuso.*

A veces, tristemente, aun los líderes de la congregación le van a preguntar qué es lo que hizo para causar el maltrato. Puede que ellos tengan dificultad en creer que su esposo puede ser tan simpático en su trabajo y en la iglesia y ¡aun puede ser líder de la congregación!, y luego portarse tan mal en casa.

Usted requiere varias ricas dosis de la misericordia de Dios para mantener la sanidad y cordura en medio de todo esto. Pero seguridad y libertad de miedo son promesas de Dios. Hay que reclamar estas promesas divinas mientras sigue en busca de un refugio de la violencia de su cónyuge.

En cada punto del camino hacia la recuperación, muchas víctimas cristianas, igual que usted, tienen necesidades espirituales. Para poder satisfacer estas necesidades, tienen que ser comprendidas. En medio de la crisis, su fe tiene que ser afirmada.

PARA LA REFLEXIÓN ESPIRITUAL

Ninguno de los autores bíblicos nos escribe de una forma más íntima que David de su experiencia de maltrato y opresión; y de su alegría al descubrir a Dios como su fuerza. Su franqueza hace que su escritura sea especialmente útil para la mujer que está emergiendo de las sombras oscuras del abuso.

En los Salmos encontramos las condenaciones más absolutas de la violencia (Salmos 5.9; 7.1-2; 10.2, 7-10; 17.11; 27.12; 31.4, 10-13; 37.32; 38.11-12; 52.2-3; 54.3; 55.12-14, 20-21; 56.5-6; 59.3; 64.1-6; 69.4, 19-20; 86.14; 140.1-5); las apelaciones más apasionadas a Dios por su liberación (59.2; 139.19; 140.1, 4); y las garantías más profundas del poder de Dios para dar seguridad y apoyo (10.17-18; 12.5; 28.8-9; 34.6; 35.10; 103.6).

Las experiencias de David lo forzaban a hacer una reexaminación aguda y penetrante. Cuando andaba desamparado y perseguido, sus llantos subieron a Dios. Cuando estaba siendo acosado incesantemente por los que querían matarlo, le expresó su crisis a Dios. Cuando estaba acechado y siendo difamado y en las profundidades de la desesperación, Dios estaba con él. Cuando sus palabras estaban siendo tergiversadas y se burlaban de él, todavía podía encontrar su identidad en Dios (Salmo 56.2, 5-6). Por eso los Salmos de David son tan importantes en el proceso hacia la sanidad de las mujeres heridas. Son oraciones que nos relacionan con Dios, oraciones que tienen una franqueza perturbadora. Se pregunta si Dios lo ha olvidado, si no lo ama, si no toma la molestia de escucharlo. David se atreve a declarar sus preguntas tristes con completa autenticidad. Él expresa su coraje para con el Creador omnipotente y espera una respuesta.

Una y otra vez las respuestas se repiten diciendo que Dios está con él; que Dios le traerá la libertad al fin y al cabo. David mantiene un sentido de su propia rectitud. Sus enemigos lo han abusado, pero de igual manera, él ha sido firme en servir a Dios. Los Salmos que hablan de su integridad pueden ser un enorme recurso de consuelo para las mujeres (Salmos 26.1-12; 41.12; 57.7; 101.2-7). A veces David está angustiado porque las personas de confianza lo han traicionado (Salmo 55.20).

Algunos cristianos tienen problemas para aceptar el enojo de David y su deseo de venganza para los que le han hecho daño. Él muestra una gran franqueza en sus emociones, aun las negativas. Generalmente somos reacios a expresar tanta hostilidad abiertamente, pero la amargura de David puede ayudar a una mujer a expresar su ira antes de poder sanarse verdaderamente.

Una noche, una mujer cristiana que estaba luchando para perdonar la infidelidad de su esposo fue a un ballet. Un baile representaba la historia antigua de Medea, una mujer que había sacrificado todo por amor a su esposo y luego fue traicionada por él. Después de ayudar a Jasón a robar un vellón de oro de su país natal, Medea se casó con él y le dio dos hijos varones. Pero Jasón, siempre un oportunista, decidió dejarla a un lado para casarse con la hija del rey. La historia está llena de rabia amarga y celos vindicativos.

Mientras la bailarina danzaba en una furia frenética, la mujer cristiana sentada en la audiencia entró en contacto con esos sentimientos y fue liberada de ellos. Dios usó la experiencia artística para hacer de ella una persona íntegra.

De la misma forma, el poder del Espíritu Santo puede transformar aun las expresiones más enojadas y vengativas. Las meditaciones de David siempre lo traen de regreso a Dios.

David, el hijo menor de Isaí, que siempre pasaban por alto, fue ungido como muchacho para ser el rey de Israel. Aunque fue menospreciado y ridiculizado por sus hermanos mayores, él aceptó el desafío de un combate mano a mano con el campeón de los filisteos que oprimían al país. Con la velocidad terrible de una piedra tirada con una honda, venció al gigante y ganó la libertad de su pueblo. Lo trajeron a la corte del rey y David tuvo una carrera militar excepcional que le proporcionaba alabanzas; pero a la vez provocaba los celos del rey Saúl, quien se ponía deprimido y amargo.

Al principio David podía calmar al rey tocando música en el arpa. Pero muy pronto quedó en claro que su vida estaba en peligro. Un día, Saúl le tiró una lanza y David apenas pudo evitar una herida de la hoja. Más adelante, Saúl mandó que sus siervos y su hijo mataran a David, pero lo ayudaron a escapar. Hasta los sacerdotes que le dieron comida fueron ejecutados, y David entendía que no había ningún sitio en el reino de Saúl donde él pudiese estar seguro.

Primero, David se fue al país de los filisteos, luego a una cueva en el desierto. Allí se juntaba con otros hombres que habían perdido el favor de Saúl. David y su banda empezaron a auxiliar a los israelitas que estaban en el desierto también, especialmente los campesinos y los pastores que estaban amenazados por los bandidos.

Pero Saúl, casi loco de los celos, seguía persiguiendo a David. Un día, Saúl entró en una cueva para hacer sus necesidades. Resultó que David estaba escondido en los rincones de la cueva y se acercó silenciosamente a Saúl y cortó un pedazo de su manto. Habría sido fácil matarlo, pero en vez de eso, David siguió a Saúl afuera de la cueva y le mostró el pedazo de tela, demostrando que no quería hacerle daño. Al principio, el rey se arrepintió del mal que había planeado (1 Samuel 24.16-22), pero pronto volvió a sus manías de antes (26.2) y de nuevo intentó matar a David.

Esta vez, mientras Saúl dormía, David le quitó la lanza y la jarra de agua que estaban colocadas cerca de la cabeza del rey. Despertándose y dándose cuenta de que David le había perdonado la vida otra vez, el rey volvió a hacer un voto de arrepentimiento (26.21-25). Aunque las palabras eran impactantes, la realidad no era así. Saúl extendió la búsqueda y David fue forzado a huir de una parte a otra, siempre escondiéndose, siempre temeroso de que sería traicionado. Fue forzado no solamente a cambiar su ubicación, sino también a proveer recursos para su familia y el grupo creciente de refugiados que buscaban albergue con él.

En muchas formas, las experiencias de David son paralelas a las de una mujer en peligro. Había amenazas directas en contra de su vida; su única seguridad estaba en su habilidad de quedarse escondido, pero había gente que reveló su paradero (véase Salmo 52 y 1 Samuel 22.9-10). Su devoción al rey y sus años de servicio fiel fueron pagados por la hostilidad y la traición. El hombre que había sido capitán de los guardaespaldas de Saúl ahora se encontró frente a un ejército hostil. Por eso escribió:

Reunidos murmuran contra mí todos los que me aborrecen;
Contra mí piensan mal....
Aun el hombre de mi paz en quien yo confiaba,
el que de mi pan comía, alzó contra mí el calcañar. (Salmo 41.7-9)

Decían mentiras acerca de él.

Porque oigo la calumnia de muchos
¡el miedo me asalta por todas partes!
mientras consultan juntos contra mí,
e idean quitarme la vida. (Salmo 31.13)

Puede que la mujer abusada no sea tan elocuente como el dulce cantador de Israel, pero ella puede comprender el dolor de la traición de parte de una persona que ella amaba y en quien confiaba. Además, David sabía cómo se siente el individuo perseguido.

Acecha el impío al justo,
y procura matarlo.
JEHOVÁ no lo dejará en sus manos,
Ni lo condenará cuando le juzgaren. (Salmo 37.32-33)

Tal vez usted encuentre gran fuerza meditando en las canciones de David. Puede usarlas como oraciones cuando está demasiada trastornada para hacer sus propias oraciones. Puede encontrar consuelo en ellas cuando hay poca gente que esté dispuesta a creer su historia u ofrecerle apoyo. Posiblemente vaya a querer compilar una lista de lecturas que pueda volver a leer una y otra vez en su hora de necesidad.

Varios Salmos están relacionados con experiencias específicas en la vida de David.

En el Salmo 3 expresa sus emociones cuando ha sido traicionado por su propio hijo Absalón, quien ha levantado una insurrección contra él y que quiere apoderarse del trono. Sólo en Dios está su esperanza.

En el Salmo 31 lamenta no solamente su peligro y desesperación, sino también que sus amigos de mucho tiempo y sus conocidos se hayan puesto en su contra. Jesucristo citó este Salmo cuando estaba muriendo en la cruz (véase Salmo 31.5). Pero David encuentra la presencia de Dios aun en lo peor de la miseria.

Me gozaré y alegraré en tu misericordia,
porque has visto mi aflicción;
has conocido mi alma en las angustias,
no me entregaste en mano del enemigo;
pusiste mis pies en lugar espacioso. (Salmo 31.7-8)

¿Qué mejor oración se podría expresar una mujer en el camino hacia la sanidad?

Los Salmos 34 y 56 están basados en un tiempo cuando David estaba buscando desesperadamente un lugar donde podía quedarse seguro (1 Samuel 21.10-15). Cuando no podía encontrar ningún sitio entre sus amigos y parientes, fue al rey filisteo de Gat. Era un riesgo enorme pero David tenía pocas opciones. Los sirvientes del rey lo reconocieron como enemigo, poniendo su vida en todavía más peligro. Pronto fingió perder la razón. Hizo garabatos en las portadas de las puertas y dejó que la saliva le corriera por la barba. Así que fue echado del pueblo por estar loco e hizo su escape a una cueva remota.

La necesidad de huir para salvarse, de buscar soluciones rápidas para situaciones desesperadas, son parte de las experiencias que se encuentran en las oraciones de David. Si usted ha tenido que recurrir al engaño para escaparse del abuso, va a identificarse con él.

El Salmo 51 es el más famoso, su confesión después del pecado de adulterio con Betsabé y del asesinato de su esposo. Su profundo arrepentimiento todavía es un modelo para todos los que pecan.

El Salmo 52 resuena con angustia por los que han sido matados como castigo por haberlo ayudado con refugio, comida, armas y consejos espirituales (1 Samuel 21.1-9; 22.9-23). En la furia de Saúl, la comunidad entera de sacerdotes fue exterminada, con excepción de Abiatar, quien servía como capellán de David y continuaba intercediendo con el Señor en nombre de David.

El Salmo 54 fue escrito en la ocasión de otra traición cuando David en su desesperación estaba buscando un lugar para esconderse de Saúl (véase 1 Samuel 23.15-26; 26.1). Estaba viviendo en el desierto con su familia y las personas que habían venido con él para auxilio. David pensaba que había encontrado refugio en el desierto de Zif, y allí su querido amigo Jonatán lo visitó por última vez. Pero los ciudadanos de Zif, buscando favores del rey, le informaron a Saúl de su paradero. Y lo peor es que ellos prometieron: «Desciende pronto ahora, conforme a tu deseo, y nosotros lo entregaremos en la mano del rey» (1 Samuel 23.20). Sus vecinos lo habían traicionado pero Dios se mantuvo fiel.

El Salmo 55 no tiene inscripción describiendo la ocasión por la cual fue escrito, pero contiene una sección que se usa a menudo para la meditación de individuos que han experimentado el abuso por un compañero íntimo.

Porque no me afrentó un enemigo,
lo cual habría soportado;
ni se alzó contra mí el que me aborrecía,
porque me hubiera ocultado de él.
Sino tú, hombre, al parecer íntimo mío,
mi guía, y mi familiar,
que juntos comunicábamos dulcemente los secretos;
y andábamos en amistad en la casa de Dios. (Salmo 55.12-14)

El Salmo 57 es otra canción de escape: «Y en la sombra de tus alas me ampararé hasta que pasen los quebrantos» (v. 1). El Salmo 59 fue compuesto cuando Saúl mandó a sus asesinos para vigilar la casa de David con el fin de ejecutarlo. El Salmo 60 fue escrito después de un fracaso militar y el Salmo 63 ofrece sus pensamientos de cuando es un refugiado en el desierto de Judá.

Cuando por fin David fue librado de todos sus enemigos y de Saúl, cantó:

En mi angustia invoqué a JEHOVÁ;
y clamé a mi Dios.
El oyó mi voz desde su templo,
y mi clamor llegó a sus oídos....
Envió desde lo alto y me tomó,
me sacó de las muchas aguas.
Me libró de poderoso enemigo,
Y de los que me aborrecían;
aunque eran más fuertes que yo.
Me asaltaron en el día de mi quebranto;
mas JEHOVÁ fue mi apoyo.
Y me sacó a lugar espacioso;
me libró, porque se agradó de mí. (2 Samuel 22.7, 17-20)

Leer las canciones de David con una actitud de oración nos permi-te compartir indirectamente la amargura, el resentimiento, el sentido de traición, y el ultraje que siente David. Si usted está luchando para perdonar, esta lectura puede darle alivio de sus propias emociones. Estos Salmos nos dan permiso para experimentar el dolor y luego seguir adelante, como David hace. Su enojo es vehemente y amargo, pero su deleite en Dios es glorioso mientras él entra en la liberación de Dios. David se gloría en el Salvador que lo ha traído a un lugar nuevo y le ha dado un nuevo cántico.

Los Salmos de David pueden formar un libro de oración especial para las mujeres abusadas, un libro que usted puede utilizar en su recuperación espiritual. Puede orarlos en sus devocionales o usarlos para cantar alabanzas, gloriándose en la misericordia abundante de Dios. Usted también va a descubrir el «lugar espacioso» del cual habla David.

Tú eres mi refugio;
me guardarás de la angustia;
con cánticos de liberación me rodearás. (Salmo 32.7)

CUATRO

¿Qué clase de ayuda puedo hallar en la comunidad?

CUANDO UNO PIENSA POR PRIMERA VEZ EN LA IDEA DE que pastores, policías, trabajadores de albergues, abogados, terapeutas y consejeros trabajaran juntos tratando el tema del abuso en las familias cristianas, familias como la suya, parecería una receta para el desastre. ¿No habría consejos contradictorios? ¿Y si usted se sintiera atrapada entre su fe por un lado y su libertad por el otro? ¿Y qué pasaría si la agencia de la comunidad y sus trabajadores se pusieran en contra de los consejos de la iglesia?

Éstas son preguntas lógicas para considerar, especialmente a la luz de la existencia de tantos niveles o tipos diferentes de abuso. No hay sólo una agencia que tenga todos los servicios para satisfacer sus necesidades. No hay sólo un profesional que tenga todas las respuestas requeridas para el camino hacia la sanidad e integridad. En realidad, lo más razonable es que los individuos que quieran ayudar a una mujer maltratada practiquen la colaboración y la coordinación de estrategias.

Como una mujer abusada, es posible que usted necesite la protección de la policía, tanto como de su vecina. Tal vez debiera hablar con un consejero o abogado, solicitar refugio en un albergue, o llamar a la escuela de sus hijos para pedir consejos sobre sus requisitos educacionales y emocionales. Quizás en alguna ocasión vaya a verse necesitada de atención médica y, posiblemente psicoterapia o consejería a largo plazo. Aunque usted es cristiana, de todos modos necesitará el auxilio de servicios seculares. La iglesia no puede enfrentar a la violencia doméstica aislada de los otros servicios de la comunidad. Y frecuentemente usted va a ser la persona indicada para encontrar y utilizar estos recursos.

Sin embargo, como una mujer *cristiana* golpeada, también requerirá la atención y dirección espiritual mientras usted examina lo que sucedió en su matrimonio, evalúa sus opciones y comienza a reconstruir su vida. Además de los problemas emocionales y prácticos que tiene que abordar, tendrá preguntas y preocupaciones espirituales mientras usted deja de ser una víctima y se transforma en una mujer sobreviviente.

La asistencia que va a necesitar usa ambos lenguajes: el de la cultura contemporánea como por ejemplo el de los profesionales preparados en la ley, la medicina, la psicología, la psiquiatría y el trabajo social, y el lenguaje del espíritu. Como los capítulos anteriores de este libro han enfatizado, la Biblia no es silenciosa en cuanto al abuso. «Me volví y vi todas las violencias que se hacen debajo del sol. Y aquí las lágrimas de los oprimidos, sin tener quien los consuele. Y la fuerza estaba en la mano de sus opresores, y para ellos no había consolador» (Eclesiastés 4.1). «Y lo vio JEHOVÁ, y desagradó a sus ojos porque pereció el derecho. Y vio que no había hombre, y se maravilló que no hubiera quien se interpusiese» (Isaías 59.15-16). «El que guiña el ojo acarrea tristeza, y el necio de labios será castigado» (Proverbios 10.10). Las acciones violentas y dominantes son condenadas, y los fieles son exhortados a vivir en paz y armonía dentro de sus hogares. «Busca la paz, y síguela» (Salmo 34.14; 1 Pedro 3.11). «Así que, sigamos lo que contribuye a la paz y a la mutua edificación» (Romanos 14.19). «Bienaventurados los pacificadores, porque ellos serán llamados hijos de Dios» (Mateo 5.9).

En los círculos evangélicos oímos mucho sobre el patrón de Dios para la vida familiar, pero a menudo no comprendemos que mucho de lo que la Biblia dice sobre la vida hogareña tiene que ver con la paz, protección y seguridad. «Y mi pueblo habitará en morada de paz, en habitaciones seguras, y en recreos de reposo» (Isaías 32.18). La promesa repetida en la Sagrada Escritura es que habrá paz, seguridad y libertad del terror en la casa de los piadosos. «...habitarán con seguridad, y no habrá quien las espante» (Ezequiel 34.28). «Sabrás que hay paz en tu tienda» (Job 5.24). Dentro de sus propios hogares, los que pertenecen a Dios no solamente tienen el derecho de acostarse en seguridad, (Levítico 26.6; Salmo 3.6; Isaías 14.30; Jeremías 23.6; 32.37; 33.16; Oseas 2.18), sino también de vivir seguros (Ezequiel 28.26; 34.24-28; 38.8). Isaías es aún más explícito:

Y todos tus hijos serán enseñados por JEHOVÁ,
y se multiplicará la paz de tus hijos.
Con justicia serás adornada;
estarás lejos de opresión, porque no temerás;
y de temor, porque no se acercará a ti.
Si alguno conspirare contra ti,
lo hará sin mí;
el que contra ti conspirare
delante de ti caerá...
Ninguna arma forjada contra ti prosperará,
y condenarás toda lengua que se levante contra ti
en juicio.
Esta es la herencia de los siervos de JEHOVÁ
y su salvación de mí vendrá, dijo JEHOVÁ (Isaías 54.13-15, 17)

Aférrese bien a esta promesa.

La verdad es que donde hay abuso no hay paz. Así que el llamado a las personas que viven en peligro es que huyan, que busquen seguridad y respiro; y que protejan a los más débiles y vulnerables, o sea, a sus hijos (Lucas 23.29). «Entonces los que estén en Judea, huyan a los montes, y los que en medio de ella, váyanse, y los que estén en los campos, no entren en ella... ¡Ay de las que estén encintas, y de las que críen en aquellos días!» (Lucas 21.21, 23)

El lenguaje del espíritu se comunica por medio de la palabra escrita, recitada semanalmente en los servicios de la iglesia, reforzada por el tirón cariñoso del Espíritu de Dios a nuestros corazones y mentes, y practicada cuando los fieles muestran compasión los unos a los otros. ¿Quién habla el lenguaje del espíritu con autoridad? Primeramente son los pastores preparados en el conocimiento bíblico y en la devoción, afinados espiritualmente, tratando de vivir cerca del corazón de Dios, y animando a las demás personas a vivir así. Adicionalmente hay muchos laicos, hombres y mujeres que aman a Dios y que quieren demostrar a los otros el amor de Cristo. Por medio de sus actos de misericordia, llenan el abismo entre un Dios santo y un mundo doliente.

EL PODER DE LA ACCIÓN CARITATIVA

La oficina del alcalde de Calgary, Alberta, una ciudad en el oeste de Canadá, patrocina una campaña anual dedicada a la reducción de la violencia familiar. Se llama: «Apague la violencia». Durante esta semana en noviembre hay un esfuerzo concertado de destacar el asunto del abuso de mujeres, niños, ancianos, y también de otras clases de violencia en la familia. Ofrecen actividades para los niños de edad escolar, como: «Haz un dibujo de lo que representa para ti la frase: *Apague la violencia*». Todo tiene como meta romper el silencio que rodea el abuso; haciendo que la comunidad sea un lugar más seguro para que una víctima diga: «Esto me pasó a mí»; y asegurándose que hayan recursos en la comunidad para responder a las necesidades emocionales y prácticas de las víctimas y sus familias.

Se dan charlas acerca del abuso en las iglesias, los hoteles y las salas de conferencia. Se reúnen jueces, trabajadores sociales, policías, trabajadores de albergues, encargados de los que están bajo libertad condicional, y clérigos para un tiempo de reflexión en los servicios que ofrecen a las víctimas del abuso o a los perpetradores de la violencia. Hacen preguntas como éstas: ¿Qué clase de ayuda requieren las víctimas y cuál es la mejor intervención para satisfacer sus necesidades? ¿Cómo podemos coordinar nuestras actividades para servir mejor a la gente y reducir la violencia en nuestra comunidad? ¿Se puede reducir la duplicación de servicios y ampliar las opciones para los desamparados?

Apenas entrando en un albergue para mujeres golpeadas en Calgary, uno ve que las paredes están cubiertas de color. Unas colchas de colores vivos cubren las paredes institucionales para crear un ambiente caluroso y atractivo. Las colchas fueron hechas y donadas por

Algunas indicaciones de que mi iglesia es un lugar seguro donde puedo revelar que soy una mujer abusada

En el baño de damas hay información sobre los albergues locales u hoteles transitorios y cómo puedo llamarlos.

Mi pastor ha predicado un sermón condenando el abuso y celebrando la vida libre de violencia familiar.

Han hablado compasivamente sobre el tema de la mujer golpeada en el estudio bíblico para mujeres o en la escuela dominical.

Hay folletos en la entrada de la iglesia o afuera de la oficina del ministro que hablan explícitamente acerca del problema del abuso.

Hay grupos de apoyo para mujeres abusadas, en la iglesia o por recomendación.

Un líder de la comunidad que trabaja en el campo de la violencia doméstica ha dado una charla en una función patrocinada por la iglesia.

El tema de abuso ha sido presentado por el pastor en las clases o las sesiones de consejos pre-maritales en las que participamos antes de nuestro matrimonio.

En el Día de la Madre, hay una referencia explícita al hecho de que muchas mujeres viven en temor, en hogares donde su seguridad nunca es asegurada.

Ha habido eventos en mi iglesia para recaudar fondos para un albergue local donde hospedan a mujeres golpeadas.

unas ancianas de la iglesia que querían expresar su cariño a las señoras que habían huido al refugio porque tenían mucho miedo de regresar a sus casas. Con aguja e hilo estas «abuelitas» ofrecieron sus regalos, no de oro, incienso y mirra, sino de puntadas, pedacitos de tela y dibujos que son un placer visual. De esta manera, ellas han tendido un puente entre la iglesia y el albergue, diciendo, sin decir una palabra, que *nosotras las queremos; Dios las quiere.*

Probablemente usted no viva en Calgary, pero hay muchas mujeres y hombres en su comunidad y su iglesia que están comprometidos con sus necesidades como una mujer abusada. Algunos de ellos dan apoyo material, o estarían dispuestos a hacerlo si se lo pidieran. Otros con más confianza para hablar públicamente nombran el fenómeno del abuso y declaran abiertamente su apoyo de los albergues para familias en crisis. Tenga ánimo mientras se arma de valor para buscar socorro.

Si los profesionales están dialogando sobre cómo trabajar juntos para ayudar a una mujer abusada, o si nosotras estamos pensando creativamente con una mujer golpeada sobre su próximo paso, uno de los primeros pasos es *romper el silencio.* En una iglesia, se debe hacer una pregunta importante: ¿Es nuestra iglesia un lugar seguro para revelar que uno/a es víctima del abuso? En una agencia de servicios seculares, la pregunta significativa sería: ¿Son las agencias de la comunidad lugares seguros para decir que uno es cristiano? La respuesta a las dos preguntas *debe* ser que sí. En cualquier comunidad la respuesta a una o ambas preguntas puede ser «a veces», o más preocupante: «realmente, no».

Conociendo los recursos de la comunidad
La coordinación entre las agencias que sirven a las mujeres abusadas suena mucho más fácil de lo que es en la práctica. Pero hay un reconocimiento creciente que la coordinación está en el interés personal de las personas buscando auxilio.

La víctima tiene que saber qué servicios puede esperar de las distintas agencias de la comunidad. *El consejo legal* la ayudará a contestar las siguientes preguntas: ¿Puedo pedir ayuda para exigir que mi esposo abusivo se vaya de la casa temporalmente? ¿Cuál es el proceso de obtener un orden de restricción? Si me escapo de la casa por unos días o varias semanas, ¿puede él prevenir mi regreso a casa? ¿Cuál es la diferencia entre la separación legal y el certificado de divorcio? ¿Quién decide la custodia de nuestros hijos si me decido por la opción de divorcio?

Si hay heridas y daños que resultan de un ataque, *la atención médica* puede necesitarse inmediatamente. Pero más allá de eso, la asistencia de un médico puede ser necesaria para documentar cuánto abuso físico ha sufrido y cuán severo ha sido. Éstas son unas preguntas que posiblemente vaya a querer hacerle al médico: ¿Puede usted hacer una lista de las características y la severidad de las heridas que tengo? ¿Puedo anticipar una recuperación completa? ¿Por cuánto tiempo voy a necesitar tratamiento médico para mis heridas? ¿Cómo ha afectado mi salud física vivir en una casa abusiva?

¿Cómo es la estancia en un albergue?

Un albergue ofrece seguridad en vez de alojamiento de lujo. Cuando Jacob no tenía más remedio que huir para salvar su vida, se encontraba dormido en la tierra dura con una piedra como almohada. Sin embargo, Dios se le apareció y le prometió que estaría con él. Ante su asombro, Jacob tuvo una visión de una escalera que tocaba el cielo con ángeles que subían y descendían de ella. Usted puede encontrar esa escalera en el albergue, porque Dios está allí, prometiéndole que está con usted por dondequiera que vaya (Génesis 28.10-21).

Generalmente, un albergue es menos cómodo que su propia casa pero al mismo tiempo le ofrece mucha mejor seguridad. A menudo la dirección del albergue no es publicada para proveer mejor protección, y puede ser que le den instrucciones de no decirle a nadie dónde está ubicado. Eso es para guardar la seguridad de los residentes y los trabajadores. El sistema elaborado de cerraduras, alarmas, televisión de circuito cerrado, intercomunicación, etcétera, pueden intimidarle, pero están allí para protegerla.

Dentro del albergue puede estar encimada porque tantas mujeres necesitan refugio. Usted y sus hijos van a estar asignados a un cuarto y van a estar en una comunidad con otras mujeres y niños.

Generalmente, los residentes se turnan con las actividades de coci-
nar, limpiar la casa, y otras tareas. También van a tener reglas sobre
el uso del teléfono para que usted no ponga en riesgo el albergue.
Los trabajadores van a poder idear medios de informar a su familia
que se encuentran seguros y bien atendidos.

*A veces los chicos, especialmente los grandes, tienen dificultad con
la adaptación al albergue.* A veces hay un salón atractivo con juegos
y actividades para los adolescentes; a veces no hay suficiente espacio. Para los niños pequeños, normalmente hay una guardería infantil, frecuentemente con trabajadores excelentes que cuidan a los
niños. Si pueden arreglarlo con seguridad, sus hijos pueden asistir a
la escuela todavía, y posiblemente usted pueda seguir trabajando.
Tal vez quiera cambiar donde estaciona el carro, o llegar y/o salir del
trabajo en un horario distinto. Usted y sus hijos deben tener cuidado
de no volver a las mismas tiendas, el mismo banco o la misma oficina de correos que frecuentaba antes.

A menudo el albergue ya está lleno. En este caso puede que la
vayan a alojar primero en una casa privada, o sea: «una casa segura». Otra vez, es importante que nunca revele la dirección de una
casa segura porque puede peligrar a usted o a la familia que les
ofrece su hospitalidad. A veces es necesario que vaya a un lugar que
no esté en su misma comunidad.

*El personal del albergue incluye consejeros con experiencia. Muchos
de ellos tienen sus propias historias de abuso.* Los trabajadores del
albergue han ayudado a muchas mujeres abusadas y están muy
bien informados de los recursos, las opciones y los programas que
hay en su localidad. Ellos han acompañado a muchas mujeres justa-
mente como usted en crisis paralelas, ayudándolas a emerger más
fuertes debido a ello. Realmente usted puede recibir este servicio de
consejos sin entrar en el albergue. Hay un teléfono de emergencia
accesible las veinticuatro horas al día.

¿Y si todavía no me siento segura? En algunos casos una mujer no
está segura de verdad a pesar de toda la protección que la ley y el
albergue tratan de ofrecerle. Los consejeros con experiencia pueden
enseñarle varias opciones para salvar su vida, cómo mudarse a otra
parte del país o cambiar su nombre y número de seguro social.

Muchas veces, *el departamento de policía* es el primer lugar a donde se llama cuando una mujer requiere la protección inmediata de su pareja violenta. Hoy en día muchos departamentos de policía están enseñando a ciertos oficiales cómo responder a las necesidades de las mujeres y los niños en una crisis doméstica. Entre las preguntas que quizás vaya a querer hacerle al policía se incluyen éstas: ¿Cuáles son los pasos para pedir que echen a mi esposo violento de mi casa? ¿Tengo que presentar una demanda contra mi marido abusivo si llamo al 911 o a la policía? ¿Qué pasa después de presentar la demanda? ¿Son efectivas las órdenes restrictivas para detener a los maridos abusivos de poner en peligro las vidas de sus esposas y sus niños?

Muchas víctimas requieren *terapia psicológica* después de sufrir actos violentos. Puede haber capas de dolor emocional, temor, culpabilidad y coraje. También puede haber muchas preguntas sobre cómo se reestablece la salud mental y emocional. Un psicólogo o psiquiatra puede asistirla en resolver problemas como éstos: ¿Hay evidencia de disfunción emocional en mi vida o la de mis hijos? ¿Cómo comienzo a restablecer la fe en mí misma y el control de mis elecciones? ¿Qué hago para hacer frente a los sentimientos de desesperación y desilusión que casi me aplastan? ¿Qué combinación de medicinas y consejos sería más apropiada en mi caso? ¿Qué estrategias puedo utilizar para dejar atrás lo pasado?

A menudo una mujer abusada tiene muchas preguntas de cómo manejarse económicamente después de haber dejado una relación abusiva. *Un trabajador social* puede guiarla en los pasos requeridos para obtener los beneficios temporales del estado, como la asistencia pública o los vales de comida. Las preguntas relacionadas con el alojamiento para las personas con bajos recursos económicos, el período de espera para el pago de los beneficios, y los programas de entrenamiento vocacional para las señoras que nunca han trabajado fuera de la casa; todas son apropiadas para hacerle a un trabajador social.

Los albergues de mujeres, ofrecen alojamiento temporal para mujeres abusadas. Normalmente la estancia máxima es de entre seis semanas y seis meses. Si el albergue local está lleno, usted y sus hijos pueden ser hospedados en otra parte hasta que un espacio se abra en el albergue. Un número de albergues tienen trabajadores para el alcance a la comunidad que pueden hablar con usted por teléfono o hacer una cita para visitarla en su casa. Los albergues no cobran renta, pero la mayoría de ellos requieren que los residentes ayuden con la preparación de la comida y la limpieza. Muchas residencias tienen programas para los niños, y la mayoría tiene conexiones extensas con otras agencias para ayudarla a llenar sus necesidades emocionales, legales, y de una residencia permanente. Algunas comunidades tienen también el alojamiento de segunda etapa para que usted pueda mudarse del albergue a un apartamento donde puede vivir hasta dos años.

Los grupos de apoyo, o los grupos locales de abogacía para las víctimas se han desarrollado mucho a través de Norteamérica en los últimos años. A veces están organizados por una clínica de salud mental o un hospital. En los grupos como éstos, las señoras se reúnen regularmente (cada dos semanas o una vez al mes) para hablar sobre sus problemas y soluciones, y para recibir el apoyo de otras personas que han sufrido el abuso. Es una buena oportunidad para dar y recibir unas ideas que ayuden con la lucha de la vida diaria. A veces, estos grupos obtienen la asistencia de un asesor profesionalmente entrenado; en otras ocasiones están guiados solamente por un grupo de voluntarios.

No es común que haya un esfuerzo concertado de promover la coordinación y la cooperación entre las iglesias y las agencias seculares en reacción a las necesidades de una mujer o familia cristiana en crisis. ¿Por qué? En parte, porque la mayoría de profesionales no comprende los elementos espirituales del camino hacia la sanidad para los cristianos. Además, los profesionales seculares no tienen una buena comprensión del papel del pastor en la situación; ¡a veces ni siquiera saben los mismos ministros lo importante que es su contribución en tales circunstancias!

¿QUÉ CLASE DE ASISTENCIA PUEDE BRINDARME MI PASTOR?

Aquí tiene usted algunas ideas que puede compartir con su ministro o mentor espiritual en este momento de crisis en su vida.

Ayúdeme a reflexionar sobre la naturaleza de Dios…

* Afirme que Dios siempre está presente conmigo.
* Recuérdeme que Dios se preocupa por la miseria humana.
* Enséñeme a meditar sobre el valor que Dios asigna a la vida humana.
* Asegúreme de cuán importante es mi vida para Dios.

Ayúdeme a reflexionar sobre mi necesidad de Dios…

* En este mundo Jesucristo buscaba a Dios para recibir fuerza. Enséñeme a hacer lo mismo.
* Muéstreme que nuestra debilidad abre la puerta para la ayuda de parte de Dios.
* Cuando se han acabado los recursos humanos, muchos hombres y mujeres por naturaleza buscan a Dios para que intervenga. Enséñeme a ver esto en una luz positiva.
* Hágame unas sugerencias de cómo puedo buscar a Dios para recibir fuerza.

Ayúdeme a reflexionar sobre la habilidad de Dios de satisfacer mis necesidades…

* Ayúdeme a pedirle a Dios que me fortalezca.
* Ayúdeme a orar por valor.
* Recomiéndeme pasajes bíblicos que hablan de la provisión de Dios en medio de las crisis.
* Enséñeme a meditar en cómo Dios es suficiente para gratificar mis necesidades personales.

Ayúdeme a condenar el abuso usando el lenguaje del Espíritu…

* Use el lenguaje de la Biblia para condenar la violencia que he aguantado.
* Use el lenguaje de mi tradición de fe para condenar la violencia que he soportado.
* Use todos los recursos que hay en nuestra congregación para condenar la violencia que he soportado.
* *Enséñeme* a condenar la violencia que he soportado.

Afirme el uso de los recursos seglares...
- Ayúdeme a ver que es prudente pedir consejos de los especialistas, aun los que no comparten mi fe cristiana.
- Muéstreme unos recursos específicos de la comunidad.
- Quédese a mi lado para apoyar mi jornada hacia la sanidad, aun después de que yo consiga auxilio de algunos servicios de la comunidad.

Ofrézcame los servicios de apoyo de parte de la congregación...
- Júnteme con las personas y los grupos de la iglesia que puedan responder a las necesidades como las mías.
- Préstame un oído misericordioso para que yo pueda expresar el dolor que siento.
- Sugiera cualquier ayuda específica que nuestra congregación tenga para la gente en crisis.
- Déme un contacto espiritual continuo por medio de los eventos regulares y las actividades espontáneas de la iglesia.
- Con tiempo, cuando esté lista, déme unas oportunidades de ministrar para que yo pueda apoyar a otras personas.

Buscando ayuda

El abuso es feo en cualquier forma y malo en cualquier contexto. Puesto que se trata de traición y humillación, muchas veces deja a la mujer con poca autoestima. Sin duda usted se ha culpado por la violencia que ha sufrido y tal vez se aferre todavía a la esperanza de que la relación se mejore y la violencia se acabe. Igual que muchas mujeres abusadas, probablemente usted se sienta atrapada, aislada y muy culpable.

Siendo cristiana, usted pronunció sus votos de matrimonio, creyendo que su promesa debía perdurar para *siempre*, hasta que la muerte lo terminara. Más allá de eso, posiblemente los versículos de las Sagradas Escrituras que hablan del perdón la hayan impulsado a vivir en un ciclo de esperanza seguida por humillación y desilusión. Es más, algunas señoras creen que el abuso es su cruz para soportar. Las mujeres comprometidas con Jesucristo tienden a sentir una culpabilidad extra y la presión extrema de «hacer funcionar el matrimonio».

CONSIGUIENDO LOS SERVICIOS QUE USTED NECESITA Y MERECE

LOS LADRILLOS	
La seguridad, la prioridad principal	La policía y los albergues son los más preparados para proveer la seguridad
El compromiso a largo plazo de ayudarla	Los servicios para sus necesidades sociales y emocionales pertenecen a esta categoría. Las iglesias pueden hacer el papel importante de proporcionarle el auxilio de mayor cantidad de tiempo.
Ayudando en el viaje pero no dirigiéndola	Los servicios legales, los servicios basados en la escuela, y la atención de un médico, psicólogo o psiquiatra se recomiendan por un período de tiempo en muchas ocasiones.
EL CEMENTO	
Estableciendo una visión compartida	A veces los profesionales trabajan juntos para auxiliar de una manera coordinada. Usted lo puede pedir así.
Reconociendo las áreas de fuerza y diversidad	En cierta forma usted será responsable para decidir cuáles formas de asistencia necesita y cuáles profesionales en su comunidad pueden ayudarla. Puesto que cada mujer es distinta, también son distintos los requisitos para reconstruir sus vidas después del abuso.
Formando vínculos entre las agencias	Usted puede pedirle recomendaciones a su pastor o a los trabajadores de la agencia para recursos. La coordinación sirve mejor cuando ya hay una relación establecida entre los trabajadores de las agencias.

Pensándolo bien, es fácil entender por qué los profesionales *seculares* encuentran problemas, y a veces se frustran, trabajando con clientes que tienen convicciones muy fuertes. Sin duda las mujeres golpeadas que son cristianas tienen algunos requisitos terapéuticos especiales mientras se recuperan y buscan la integridad. Por ejemplo, las señoras cristianas necesitan oír a sus líderes espirituales condenar la violencia;

esto tiene un impacto poderoso, uno que no puede producirse normalmente en la oficina de un trabajador social, un albergue o en el departamento de policía.

Con demasiada frecuencia, los profesionales médicos bien intencionados (pero mal informados) aconsejan a las mujeres cristianas abusadas a abandonar su fe mientras buscan el bienestar mental y físico. Otros simplemente ignoran o menosprecian las necesidades religiosas de una familia. Ambas reacciones son malas. En vez de esto, los profesionales religiosos y seculares tienen que ampliar sus redes de recursos para incluir unos y otros.

Un consejero secular tiene que reconocer su fe como un recurso para facilitar su enfrentamiento al dolor y también como un ingrediente esencial en su jornada hacia la sanidad. A la vez, las iglesias y los líderes religiosos nunca deben menospreciar su necesidad de dinero, comida, seguridad, refugio; y del consejo práctico y apoyo.

¡Obviamente, usted como cliente no es responsable por la coordinación de los servicios de varias agencias! Sin embargo, hay ciertas medidas que puede tomar que posiblemente faciliten la comunicación y la cooperación entre los diferentes proveedores de servicios, mejorando así el auxilio que recibe.

1. Identifique las clases de asistencia que usted está recibiendo actualmente.

2. En cuanto pueda, explique los tipos de ayuda que necesita ahora.

3. Pida recomendaciones.

4. Identifique qué formas de asistencia una persona puede o quiere ofrecerle.

5. Aclare el costo del servicio y cuánto tiempo tiene que esperar antes de su cita.

6. Déle su opinión (positiva o negativa) de los servicios a la persona que hizo la recomendación.

7. No vacile en buscar otra fuente de auxilio si no está satisfecha con los servicios que está recibiendo.

8. Cuando piensa que sería beneficioso, pídales a varios profesionales que se pongan en contacto el uno con el otro. (Puede ser que ellos pidan que usted llene un formulario dándoles permiso de hablar con otra persona acerca de su situación).

9. Sea realista en cuanto a lo que espera. A menudo los proveedores de servicios están sobrecargados de responsabilidades y pueden estar trabajando en agencias donde los fondos son insuficientes.

TOMANDO EL PRÓXIMO PASO

Romper el silencio sobre el abuso es muy importante. A veces ese silencio se rompe porque las víctimas empiecen a hacerse preguntas a sí mismas, a sus pastores, o a otros consejeros. Aquí tiene algunas cosas que tal vez usted se esté preguntando como mujer cristiana que ha sufrido el abuso.

¿Sería una indicación de una carencia de fe si yo desarrollo un plan de protección? En realidad, la Biblia dice mucho sobre el estar preparado y nos exhorta a ser vigilantes. Aunque estos versículos hablan del regreso del Señor, pueden aplicarse a otras situaciones que requieren cautela y previsión prudente. Con mucha frecuencia las Sagradas Escrituras se cumplen en más de una manera. La preparación de un plan de seguridad es una cosa que involucra amor y fidelidad. Puede ser un medio de evitar una tragedia terrible que podría hundir a toda su familia. Puede ser una salvaguarda tanto para el abusador como para usted y sus hijos. Jesucristo dice: «Bienaventurados aquellos siervos a los cuales su señor, cuando venga, halle velando» (Lucas 12.37). «Velad, pues…» (Mateo 24.42; vea también a Marcos 13.35-37; Lucas 12.40)

¿La Biblia me apoya si me voy de casa cuando estoy asustada? A veces el retirarse es la línea de acción más segura. Refiriéndose a los días peligrosos que vendían, Jesús dijo: «En aquel día, el que esté en la azotea, y sus bienes en casa, no descienda a tomarlos; y el que en el campo,

asimismo no vuelva atrás» (Lucas 17.31). Jesús comprendía bien la vulnerabilidad de las mujeres y su responsabilidad de proteger a sus hijos (Lucas 23:28-29).

¿Qué es lo que les debo decir a mis hijos si pienso que el peligro es demasiado alto? Elija una palabra clave que dará instrucción a sus hijos que vayan a sus cuartos y cierren las puertas con llave. Una madre usó la frase: «Los Comandos Súper-poderosos» (Power Rangers, un programa de televisión para los niños) para decirles a sus hijos que era tiempo de buscar refugio. ¿Hay un vecino o un pariente cerca de quien podrían acudir? Los niños tienen que comprender que el primer requisito es consolidar la seguridad de ellos mismos en vez de preocuparse sobre la suya. Justo como practicaría un plan de acción en caso de un incendio, pueden practicar un plan de emergencia. Aun un niño pequeño puede aprender a llamar al 911 o la policía local si hay peligro.

¿Cuáles son las precauciones que debo tomar? Piense cuidadosamente en cómo se escaparía de la casa si fuera necesario. ¿Qué puerta o escalera usaría? ¿Hay una ventana por donde pueda salir? ¿Hay una casa de un vecino adónde pueda huir? ¿Puede arreglar una señal con un vecino para ayuda en una emergencia? También, guarde una lista de teléfonos importantes a mano donde pueda hallarlos rápidamente. Y prepare un equipo de emergencia.

¿Qué debo poner en el equipo de emergencia? Aquí hay una lista útil de Pennsylvania Coalition Against Domestic Violence:

- unas llaves extras del carro y de la casa

- dinero, cupones de comida, chequera, tarjeta(s) de crédito, talones de pago

- las actas de nacimiento de usted y sus hijos, y otra identificación

- su licencia de manejar u otra identificación fotográfica

- su tarjeta de seguro social o su tarjeta verde/su permiso para trabajar

- sus tarjetas de seguro médico, y las medicinas para usted y sus hijos

- el documento de propiedad de su casa o el contrato de arrendamiento de su casa o apartamento

- cualquier documento o papeles de la corte
- un cambio de ropa limpia para usted y sus hijos

A esta lista se puede añadir el juguete favorito de cada niño. Asegúrese que todas estas cosas estén listas de antemano. Muchas mujeres han sufrido heridas o han perdido sus vidas cuando volvieron a la casa para recoger el correo u otros efectos personales. Hable de su plan de huir con el mínimo de personas; sólo con las que estarán involucradas en su estrategia. Si uno se va de la casa a causa de circunstancias peligrosas, no se lo considera la deserción legal.

¿Y qué pasa si cambio de opinión? La mayoría de mujeres que se van de la casa lo hacen temporalmente, muchas de ellas con la esperanza de que el abuso se termine. Algunos maridos comprenden la seriedad de la ofensa cuando la esposa se va de la casa. Como promedio, las mujeres que logran separarse permanentemente de su pareja han intentado hacerlo siete veces antes.

Está bien cambiar de opinión si le parece el mejor plan. Frecuentemente si el abusador no hace todo lo posible para cambiar de costumbre, las cosas vuelven al mismo patrón. La mejor estrategia es asegurarse de que haya un cambio fundamental, no solamente promesas vacías. Si él va regularmente a un consejero o a un grupo de intervención para los abusadores, es un buen comienzo.

¿Es malo llamar al 911 o al número de emergencia local? La Biblia dice que los que imponen la ley son ministros de Dios, comprometidos con la justicia (Romanos 13.3-4). Si usted está herida, llame al 911 o a la policía inmediatamente para atención médica. Si tiene ropa rasgada o manchada de sangre, guárdela. Tenga cuidado de pedir que un médico, una enfermera o un amigo saque fotos de sus heridas y sus magulladuras. Esto es evidencia importante que tal vez vaya a necesitar en el futuro. También puede llamar a un teléfono de emergencia de 24 horas para las víctimas de violencia doméstica, para pedir ayuda inmediata. A menudo los voluntarios del albergue la acompañarán a la sala de emergencia.

¿Es malo pedir una orden de restricción? Como la llamada al 911 o a la policía local, una orden de restricción puede salvar vidas. No es malo hacer uso de la protección a la cual usted tiene derecho legal. La intervención legal puede ser una asistencia a ambos, víctima y perpetrador. Cuando la policía es llamada a una escena de violencia doméstica, generalmente llevan al abusador al departamento de policía. Normalmente la detención es por no más de 24 horas, así que usted tiene poco tiempo de hacer sus planes para su seguridad. Pero aun con un tiempo corto, posiblemente usted pueda conseguir una orden de restricción que prohíba al abusador de tener contacto con usted.

¿Las órdenes de restricción funcionan? Como muchas mujeres han descubierto, las órdenes de restricción no son siempre eficaces. Sin embargo, éstas facilitan más ayuda si es necesario. A veces la policía puede mantener una vigilancia protectiva. Después de la orden inicial, una orden permanente de restricción requiere que usted aparezca otra vez ante un juez. En muchas comunidades, un voluntario que es defensor de víctimas está en la corte, listo para ayudarla con el papeleo y acompañarla a la corte. La audiencia en la corte será más fácil si alguien la acompaña; tal vez un pastor, un líder de la iglesia o un amigo de confianza.

Para la reflexión espiritual

Siete cadáveres colgados de una horca se perfilaban en silueta en el cielo que se iba oscureciendo. La luz que desaparecía progresivamente cayó en la figura de una mujer agotada y demacrada. Desplomada en una roca, ella vigilaba a los cuerpos que se descomponían. Un susurro ligero causó que la mujer se sobresaltara de repente y que tirara una piedra bien apuntada a una sombra moviendo furtivamente hacia uno de los cadáveres.

Rizpa estaba vigilando, día y noche, los restos de sus dos hijos y cinco nietos adoptivos. Como concubina del Rey Saúl, ella conocía sus cóleras irracionales y sus tendencias homicidas. David se había escapado pero otros individuos no fueron tan afortunados. El rey enloquecido había intentado un genocidio contra los gabaonitas. Desde hace mucho tiempo, Josué había sido engañado a prometer a sus antepasados que les darían refugio en la tierra de Israel (Josué 9.15, 18-26). Aunque los gabaonitas habían practicado la decepción, el pueblo de Dios todavía tenía que cumplir con sus promesas y permitirles quedarse como extranjeros en la tierra. La matanza de ellos que Saúl cometió era una violación de confianza y de un pacto ante Dios. Cuando David, el nuevo rey, pidió consejo de Dios sobre la causa de una sequía de tres años, le dijo que había resultado de la acción violenta y sacrílega de Saúl. Tendrían que hacer expiación.

Aunque los gabaonitas que quedaban eran una minoría con pocos derechos legítimos, respondieron a la petición de David para su bendición con una demanda que siete de los hijos de Saúl (tal vez los cabecillas de la atrocidad) serían entregados a los gabaonitas para ejecución. Ellos entendían bien el concepto de venganza que caracterizaba mucho a la ley israelita. David ofreció un pago de dinero pero no aceptaron (2 Samuel 21.4), porque la ley declaraba que la sentencia apropiada no era el rescate sino la muerte (Números 35.30-34). Cuando se le presentó la oportunidad, la gente sin derechos clamó por el derecho de la venganza de sangre; bajo las condiciones más horrorosas que podía inventar.

Rizpa, como esposa secundaria del perpetrador, no tenía ningún derecho de resistirlo cuando David entregó a los hijos y a los nietos de Saúl a los gabaonitas. Sólo los hijos de Jonatán estaban a salvo. Los gabaonitas mataron a los siete rápidamente y los dejaron sin entierro en el monte en Gabaón. Según Deuteronomio 21.22-23, los cuerpos de las personas castigadas por horca tenían que ser enterradas antes de que anochezca. Pero los gabaonitas, estando fuera de la comunidad de fe, no sentían ninguna obligación de obedecer esta regla.

Se les negó el entierro apropiado, pero ni Dios ni Rizpa lo habían olvidado. El entierro decente es un derecho humano básico aun de los que mueren de ejecución. Al igual que una mujer abusada, Rizpa también sufrió una violación de sus derechos humanos. Había mucha gente de Israel que debía haber protestado, pero no hay ningún archivo que indique que esto haya sucedido; de la misma manera como las comunidades de fe de ahora carecen apoyo a sus miembros que están abusados.

Rizpa recordaba con mucha amargura cómo el cuerpo mutilado del fallecido Saúl, junto con los cuerpos de sus hijos y sus sirvientes matados en la batalla, habían sido colgados por los filisteos en una exhibición pública en la plaza de Bet-Sán. La profanación había sido demasiado para los ciudadanos de Jabes de Galaad, que vinieron en la noche, y transportaron a los muertos para un entierro apropiado en su terreno debajo de un árbol de tamarisco. Luego, observaron un período apropiado de luto (1 Samuel 31.8-13). Pero, para los siete en el monte no hubo un entierro respetuoso.

Aunque Rizpa no pudo protestar con palabras, se convirtió en monumento vivo. Durante el día protegió a los cuerpos de las aves y en la noche de las bestias. Con palos, piedras, garrotes, gritos y maldiciones ella las ahuyentó. Día tras día, y noche tras noche ella continuaba su vigilia, sacando períodos breves para descansar sobre una tela de cilicio extendida sobre la roca. Durante el calor más fuerte, la tela se convirtió en un toldo sobre ella.

Bajo el sol abrasador, la carne cayó de los huesos que se blanqueaban, mientras los insectos zumbaban sin cesar. Además, hubo una peste interminable, la descomposición de los cuerpos que alguna vez habían sido seguros dentro de su propia matriz.

La Biblia nos dice que Rizpa comenzó su vigilia al principio de la siega y continuó durante todo el verano hasta que vinieran las lluvias. La sequía terminó, se había hecho la expiación, y ella no había fallado a los que amaba. No se había movido de lo que sabía que era correcto, y su presencia misma dijo lo que su voz no pudo. David tenía una obligación con sus muertos que no había realizado.

Mientras la lluvia que caía del cielo anunció un alivio de la tierra afligida de sequía, le informaron a David de la fidelidad de Rizpa, y su perseverancia inquebrantable revivió su conciencia. Anteriormente, David había exaltado la piedad de los ciudadanos de Jabes de Galaad en sepultar a Saúl y a Jonatán con el respeto apropiado (1 Samuel 31.11-13; 2 Samuel 2.5). En su lamentación para padre e hijo, David había llamado a las hijas de Israel a levantar sus voces en lamento por las muertes (2 Samuel 1.24), pero Rizpa y sus hijos habían escapado su atención. Ahora él tenía que reconocer su fracaso. Juntó los huesos de la horca en el monte de Gabaón y recogió los de Jabes de Galaad, uniendo a la familia de Saúl en la muerte. Todos se sepultaron con honor en la manera apropiada para el rey ungido de Israel. Una mujer marginada y sin voz había prevalecido en su búsqueda de justicia.

El marido de Rowena[1] le había quebrado varias costillas y le había atropellado el pie con el automóvil. Mientras el abuso se intensificaba, él le había dado patadas hasta que ella perdió la conciencia. Cuando se recuperó, ella concluyó que tenía que escaparse para salvar su vida. Ella había sido aislada de sus amigos y su familia y vivía en un camino rural y solitario. Ella logró huir a un lugar seguro escondiéndose en un gallinero hasta que pudiera conseguir transportación a un albergue para mujeres.

Al principio, ella estaba tan agitada que no podía aprovechar los programas beneficiosos que la ofrecieron. Cuando se le aclaró la mente, poco a poco ella podía tomar algunas decisiones. La primera decisión importante era que entregaría su vida a Jesucristo. Ya había encontrado el amor que nunca falla, y la bondad y la misericordia de Dios. Esto alimentaba profundamente su alma hambrienta. Se reunió con su familia de origen y también encontró a una familia nueva en Jesucristo.

Su segunda decisión fue que un divorcio era necesario para evitar que su esposo la matara. Un pariente le dio el nombre de un abogado, y los trabajadores del albergue la acompañaron a la corte para protegerla. El juez pronunció una orden temporal, otorgándole a Rowena una pequeña provisión económica.

Poco antes de la próxima fecha de la corte, yo (Cathie) acababa de conocer a Rowena, y esa vez ella pidió que yo la acompañara. Nos sentamos afuera de la corte en un banco mientras su esposo merodeaba, yendo y viniendo en un círculo alrededor de nosotras. Los abogados desaparecieron dentro de las cámaras y nos parecía que hacía mucho tiempo que se habían ido.

Cuando el abogado de Rowena volvió, él anunció que se había oído el caso y que la asignación de Rowena era una parte muy pequeña del negocio familiar que ella había trabajado duro para erigir. Aunque yo no conocía muy bien el sistema legal de ese estado, protesté que no era justo llegar a esa decisión sin permitir que Rowena presentara su caso al juez. Ni Rowena ni su esposo habían aparecido ante él. Nos dijeron que el juez no quiso verla y que el asunto estaba resuelto.

«Pero esto no es justo», le dije, y el abogado estaba de acuerdo. Empecé a recordar las noticias acerca de la corrupción del sistema legal de este estado. Iban a tener una elección y prometí al abogado que haría todo lo posible para informar a las mujeres que el juez ni siquiera daría a Rowena acceso a su corte. «Entiendo que este juez está haciendo una campaña basada en una promesa de apoyar a los asuntos relacionados con las mujeres», dije.

«Esto no es un asunto de mujeres», contestó el abogado.

«Al contrario», insistí. «Ella era una esposa abusada y la justicia tiene que realizarse».

Con esto el abogado desapareció otra vez dentro de la corte. Pronto volvió a salir para decir que en un día futuro Rowena podría defender su caso ante el juez.

Más tiempo pasó y no le dieron a Rowena ninguna cita para ir a la corte. Ella oyó hablar de un caso en el cual el mismo abogado había aceptado un soborno. ¿La había representado con justicia detrás de las puertas cerradas? Para ella era imposible pagar a otro abogado y el albergue no podía ofrecerle ninguna opción. Generalmente las mujeres se contentaban con la decisión sólo para conseguir la custodia de sus hijos, pero Rowena no tenía hijos y ya era de mediana edad. Ella necesitaba un reparto de los recursos económicos del negocio en que había sido codueña.

Le conté la historia de la viuda y el juez injusto, y de cómo al final ella alcanzó justicia (Lucas 18.1-8). Jesús contó esa historia y continuó con la promesa que Dios verá que las personas que claman para justicia la recibirán.

Puesto que no habían permitido que Rowena entrara en la corte, yo sugerí: ¿Qué pasaría si ella le mandara una carta registrada al juez, explicando cómo la habían tratado, el valor del negocio y su necesidad de una disposición financiera? Ella tardó un poco en recobrarse y organizar bien sus ideas, pero con tiempo compuso una carta y la mandó por correo registrado.

La dieron una cita para la corte, pero no le permitieron llevar a nadie a la audición. Todos sus amigos cristianos dieron su palabra que orarían para que la trataran con justicia. El abogado de antes estaba allí aunque ella no lo había invitado. El círculo de hombres que la rodeaba la intimidaba. Le habíamos hablado de la promesa de que Dios les daría a sus fieles las palabras justas cuando se presentaban ante un magistrado (Mateo 10.19-20). De todos modos ella empezó a sentir pánico.

El abogado de su esposo empezó a interrogarla en un tono hostil para desconcertarla. Nerviosa y desprevenida, ella respondió a sus preguntas acerca de los arreglos económicos lo mejor que podía. Cuando él seguía presionándola, ella contestó impulsivamente con la verdad, que hacía muchos años que su marido no había pagado sus impuestos.

De repente la despidieron y le dieron una suma mucho más alta de lo que ella se hubiera atrevido a esperar.

Su explicación fue muy sencilla: «No fui yo en el tribunal, ¡fue el Espíritu Santo!» Como Rizpa, ella fue recompensada por haber buscado la justicia.

CINCO

¿Cómo emprendo el camino hacia la sanidad?

HAY QUE CONTAR CON MUCHAS CURVAS INESPERADAS en el camino mientras usted viaja hacia la sanidad y la integridad. A veces, le parecerá que el camino no la lleva a ninguna parte. A veces va a sentirse aplastada con el número de obstáculos o la inclinación de la cuesta. Pero van a llegar otros momentos en que estará sorprendida al descubrir cuánto ha progresado en poco tiempo. El viaje de recuperación es así.

Encontrar el lugar que busca, que anhela, puede resultar mucho más complicado de lo que usted hubiera pensado al principio. O, tal vez sea un poco más fácil de lo que algunos amigos, mal informados pero bien intencionados, hayan sugerido. Cuando por fin usted llega a la destinación esperada, puede que se sienta desanimada, aun decepcionada, en el lugar que haya escogido o entre la gente con quien haya buscado refugio.

Antes de hacer cualquier cambio importante en su vida, tiene que saber que habrá unos días cuando las cosas parecerán estar desoladas, el sol no brillará, y usted se hundirá en una neblina densa o en torrentes de lluvia. Su reacción normal sería darse por vencida. Pero sabiendo por adelantado que el camino es variado le ayudará a armarse de fuerza en medio de los obstáculos, a perseverar cuando las personas en quienes confía le fallan, y a mantener las expectativas realistas de sí misma, de sus amigos y los miembros de la familia, de su iglesia y sus líderes, y de los profesionales que trabajan en las agencias comunitarias. Otras personas pueden ayudarla, ofrecerle dirección o guiarla, apoyarla cuando su cuerpo y sus emociones son vulnerables. Pero al fin y al cabo, usted sola se embarca en el camino hacia la sanidad. Es su viaje, sólo suyo. Sin embargo, para el creyente cristiano, hay Uno que camina a su lado, sin importar cuán escarpado o peligroso sea el sendero. *La promesa es clara; ¡usted nunca caminará sola!*

Nunca se sabe

Yo estaba teniendo algo de dificultad en encontrar la iglesia en las horas de la madrugada antes del comienzo de la conferencia. Su denominación era «centrista» pero su localidad no. Aislado en una vecindad deteriorada de una ciudad industrial, el edificio me parecía estar deteriorado y como supe después, lo estaba también el ministro.

Me habían pedido que guiara una conferencia de entrenamiento de pastores, hablando de los temas relacionados con la revelación del abuso, haciendo recomendaciones de especialistas y el proceso de vigilancia post-intervención. Pero a los diez minutos antes del comienzo, nadie había aparecido con excepción de la secretaria de la iglesia. Ella me dijo que no era *voluntaria*, como si ser voluntario sería vergonzoso. Al contrario, ella era miembro del personal *asalariado*.

Que lugar hostil, pensé. *No es nada como había esperado. Tal vez debo irme lo antes posible.* La mujer de mediana edad me llevó al sótano; yo la seguí, luchando con varias cajas de materiales mientras ella aceleraba adelante mío con los brazos vacíos.

Abajo me di cuenta de que olía fuertemente a retretes sucios. «De mal en peor», murmuré en voz baja.

«Usted puede arreglar las mesas y las sillas para setenta y cinco personas», me informó la secretaria.

«Está bien», escuché mi voz contestar. Ella salió y empecé a buscar unas sillas y mesas extras en las clases que rodeaban el salón. Finalmente, encontré un retroproyector polvoriento que tenía varios meses sin uso. Después de poco tiempo, empecé a sudar. ¿Y para qué? Ya eran las nueve y nadie había venido.

Unos diez minutos después, los ministros empezaron a llegar. Al principio vino el pastor que patrocinaba la conferencia. Era un señor un poco descuidado y enojado. Era obvio que resentía el hecho de que sus superiores hubieran organizado un evento del distrito en *su* iglesia, así que su reacción había sido darme información incorrecta sobre la hora de comienzo. Varias veces durante el día, él intentó descarrilar la conferencia y el enfoque de nuestra reunión. Pero no se salió con la suya, no por mi astucia en evitar sus planes, sino porque, realmente les importaba el tema a los otros ministros que asistían, y ellos creaban un ambiente de aprendizaje caluroso e interesado.

Todavía para mí era un intenso día de prueba. En cada turno, el ministro patrocinador estaba desafiándome directamente. No sabía cuál era su agenda ni por qué estaba creando obstáculos. La parte de la conferencia que incluía diálogo era como un juego de tenis. La audiencia observaba mientras la pelota rebotaba en mi lado de la cancha y después en el suyo.

Pero mientras juntaba mis materiales en preparación para regresarme a casa, un pastor joven se me acercó, estrechándome la mano. Mientras hablaba unas palabras de agradecimiento, su mano apretó la mía y no quiso relajar su presión. Entonces sus ojos se llenaron de lágrimas: «Yo era víctima de abuso como niño. Entiendo exactamente lo que usted está describiendo porque yo lo viví por muchos años. La resistencia [del ministro patrocinador] nos ayudó a ver con aun más claridad la importancia de su mensaje, o sea, la realidad del abuso y el camino sumamente largo hacia la integridad».

Su mano apretada contra la mía me dijo elocuentemente: *Cada uno de nosotros tiene que hacer frente a su propia realidad, trazar nuestras derrotas, sin importar cuán difícil sea el proceso o cuánto tiempo se necesita para llegar a nuestra destinación.*

Una situación puede ser desagradable e incómoda, y puede parecer que nuestros esfuerzos hayan fracasado. Pero mientras perseguimos la verdad, los resultados son transformativos. El desarrollo personal puede suceder cuando menos se lo espere.

Digo otra vez, la jornada será difícil. Hay muchas verdades duras que enfrentar en nuestras propias vidas y las vidas de otros. El hacer frente a la realidad puede ser muy doloroso. También, puede enojarnos o deprimirnos profundamente. A veces otra gente no quiere que uno acepte la realidad. Prefiere cerrar los ojos y fingir que el dolor y la vergüenza sencillamente desaparecerán.

Para una víctima del abuso no hay ninguna manera fácil de enfrentarse con la realidad porque hay varias vallas para vencer. Seguro que todas las mujeres golpeadas se diferencian, en su personalidad y en sus circunstancias. Esto quiere decir que las vallas que son muy difíciles para algunas personas son menos desafiantes para otras. Pero mientras vence cada obstáculo, tendrá un resultado que cambiará su vida. El comienzo es tan fácil o tan difícil como enfrentarse con la primera valla.

LA PRIMERA VALLA: LA MENTIRA DE FALTA DE VALOR

Claire[1] es una mujer soltera de mediana edad que sirve como oficial del Ejército de Salvación en un área urbana. Su trabajo se enfoca en la gente pobre. En las vecindades donde ella ministra, muchas calles son peligrosas en la noche. Claire sabe más que nadie la vulnerabilidad de las mujeres que están solas.

Durante sus años en el ministerio, Claire ha visto muchas cosas. La han llamado a ayudar en innumerables situaciones de abuso. Durante la crisis, muchas víctimas femeninas se preguntaban si había llegado el tiempo de irse de la casa temporalmente o para siempre. Claire reflexionaba en las similitudes de sus vidas: un hombre muy controlador, las palizas en un arrebato de ira, el remordimiento. Betty era sólo un ejemplo de eso.

Betty llegó al albergue del Ejército de Salvación una noche después de que Jack la había asaltado. Betty necesitaba alojamiento, comida y protección. Había problemas espirituales también. Durante las semanas siguientes, a veces Betty culpaba a Dios por sus problemas, pensando que era la culpa de Dios que ella «se había metido en este lío».

Claire luchaba para compartir la esperanza del evangelio y el amor de Dios con Betty. Aunque Claire le aseguraba que «Dios te ama tal como eres», Betty no le creía. ¿Y por qué creería eso? Era sumamente difícil creer que Dios podría amarla cuando ella ni siquiera se amaba a sí misma. Era demasiado difícil ver que Dios la amaba cuando la persona en el mundo a quien más amaba la había tratado tan mal. De todos modos, mientras Betty luchaba para creer las palabras de Claire, aceptó con rapidez el apoyo práctico que ésta le ofrecía, como asistencia económica, ropa y comida.

Betty regresó a la casa cuando parecía que Jack estaba cambiando su forma de ser. Pero con el tiempo volvió a atacarla y otra vez ella tuvo que irse. Este patrón se repitió cuatro o cinco veces. Las mudanzas repetidas eran muy duras para Betty, pero también eran difíciles para Claire. Como su pastora, Claire se preguntaba cómo era posible que Betty regresara tan fácilmente con el hombre que había lastimado su cuerpo y herido su corazón. Aunque el deseo de Claire era que las puertas de la iglesia siempre estuvieran abiertas para Betty, el patrón repetido de su escape y regreso empezaba a verlo como una batalla perdida.

Claire le explicó a Betty que el nivel de autoestima de una mujer tenía que ver con el pedir o no pedir ayuda; y con el escaparse o no escaparse de una casa peligrosa. Cuando Claire hablaba con Betty sobre sus opciones, muchas veces sus consejos caían en oídos sordos. Debido a que Jack le había dicho que ella «no valía nada» por tanto tiempo, Betty realmente había llegado a creer que tenía poco valor. En las palabras de Claire: «Ella creía toda la basura que él le decía». El creer la mentira impidió que Betty cambiara las circunstancias de su vida.

Cuando Betty sea capaz de cuestionar lo que Jack le ha dicho sobre su valor, tal vez con la ayuda de una persona de confianza, posiblemente estará lista para comenzar el camino hacia la sanidad.

Una de las primeras vallas para una mujer abusada es el creer las mentiras. Pero dejar de creer mentiras es mucho más fácil decir que hacer.

Puede que a usted le hayan dicho durante mucho tiempo que es tonta, fea o inútil. *Esto es una mentira.* Deje de creerlo. Tiene el poder de saltar la primera valla.

Como Betty, tal vez su abusador le haya dicho que no vale nada. Posiblemente haya creído la mentira, o todavía la crea. Resulta que usted se siente inútil, sin valor y sin importancia. El hacerle frente a la verdad significa que usted dejará de verse en una manera distorsionada y comenzará a hacer una evaluación correcta de su valor e importancia. Cuando haya dejado de creer las mentiras de su abusador, la primera valla estará detrás de usted. Cuando haya avanzado en su viaje y piense en el pasado, va a sorprenderse de que las mentiras la hayan afectado tan profundamente y por tanto tiempo. Una vez que pueda entender la realidad de las mentiras, las cuales son herramientas en el plan engañoso del abusador de evitar que realice su propio potencial; entonces las mentiras tendrán mucho menos poder. Estas son buenas noticias, aunque todavía no haya llegado a creerlas.

LA SEGUNDA VALLA: TEMER QUE EL FUTURO PUDIERA SER PEOR QUE EL PASADO

El aceptar la realidad es un trabajo duro. Es particularmente difícil para una mujer abusada que tiene muy pocas habilidades vendibles y una educación muy limitada. También puede ser que ella tenga pocas amistades cercanas y poco apoyo de sus parientes. ¿Entonces qué tiene? Una mujer que teme que seguir adelante con su vida y salir de la casa abusiva podría empeorar aun más su salud, su condición o su destino.

Edith, que tiene cincuenta años, está recibiendo auxilio de algunos programas de alcance patrocinados por el Ejército de Salvación. Edith está muy preocupada por su hija mayor, Catriona,[2] que está juntada con un hombre, y sufre de violencia física y sexual. Edith describe muchas palizas, una violación, y la pérdida de dinero. Últimamente la pareja de Catriona tomó todo el dinero que se encontraba en el apartamento y la dejó con la nariz quebrada. Esto es sólo el acto más reciente en un hilo de violaciones que ocurrieron durante su relación.

Mona, una oficial del Ejército, escucha atentamente la historia de Edith; la cual es demasiado común. Mona menciona algunos de los recursos comunitarios que hay disponibles para ayudar a Catriona, pero Edith solamente lo niega con la cabeza. Catriona tiene demasiado miedo para ir a la policía. Además, su novio es el mejor novio que había tenido; los otros eran peores. Edith le explica que Catriona ha tenido una serie de relaciones rebajadoras y dañinas con hombres.

Aunque habla de sus preocupaciones con Mona, en realidad Edith no apoya mucho a su hija. Su vida ha sido dura y sus desafíos son enormes. Hay muy poco que ella pueda ofrecerle a otro, aun a su propia carne y sangre.

En tal situación, hacer una recomendación a un programa comunitario no tiene mucho éxito. «Trabajamos con la gente, con sus dolencias, sus magulladuras, y sus huesos quebrantados mientras viene a nosotros para pedir comida, para alistarse en un programa, o para participar en un grupo de apoyo», explica Mona. Simplemente hay demasiadas necesidades y pocos obreros. Y la búsqueda de otros recursos auxiliares de la comunidad realmente no les interesa a muchas personas que reciben los servicios del Ejército de Salvación. Muchas de ellas son mujeres muy vulnerables, con poco contacto familiar, que se sienten rechazadas por casi todo el mundo. Ya no les queda mucha confianza.

Una bajada en espiral hasta las profundidades de la desesperanza casi es inevitable para las mujeres cazadas en una red de infelicidad constante, baja autoestima, pocos ingresos, y repetido abuso verbal, físico, y sexual. En el caso de Catriona, su madre quiere ayudarla pero no puede. Así que Edith llama al Ejército de Salvación, la organización que la había ayudado en varias formas durante los años. A pesar de su fe y los recursos del Ejército de Salvación, Mona no puede hacer mucho para ayudar a Catriona, hasta que ella misma se enfrente contra su propio temor de un futuro sin su novio (abusivo) actual. Por distintos motivos, ni Mona ni Edith pueden darle un escape hasta que Catriona esté lista para comenzar una nueva vida libre del abuso pasado. Para hacer esto, ella tiene que creer en la promesa de un mañana mejor.

Es posible que algunos de los miembros de su familia no hayan sido de mucha ayuda o no la hayan apoyado a usted en medio de su desesperanza. Como Catriona, puede que usted haya sufrido daño en más de una relación. La desesperanza puede impregnar su vida tan profundamente que es imposible creer que mañana sería mejor que hoy. Le parece que buscar auxilio de un número de agencias requiere demasiado valor y auto-confianza. Usted ha quedado reacia a pedir ayuda a causa de su pobre autoestima.

Cuando empiece a imaginar que el futuro *pueda ser* más positivo que el pasado, entonces habrá progresado en su camino de vencer la segunda valla. Muchas mujeres abusadas cuentan historias del recobro de sus sentidos. Como el hijo pródigo, un día ellas simplemente entienden que el mañana les traerá nuevas posibilidades con un plan fijo (véase Lucas 15.14-20). El camino todavía será largo, habrá más vallas y otros tramos duros, pero una vez que un nuevo destino o lugar sin violencia esté a la vista, el próximo paso será posible.

LA TERCERA VALLA: LA DIFICULTAD EN ACTUAR

Para las víctimas es muy difícil hablar de su abuso, y como usted sabe muy bien, es aun más penoso dar el primer paso para pedir ayuda. En otras palabras, hay un largo trecho entre el reconocimiento y la acción.

Anteriormente, en el capítulo dos de este libro, hablamos sobre varios modos que las mujeres emplean para revelar a las demás personas que hay violencia en sus vidas. A veces se enfocan en otros problemas; a veces reportan sólo una parte de la historia; y a veces tienen las fuerzas de decir en voz alta: «Me está abusando». Justo como hay varias maneras de nombrar lo que está sucediendo en su vida, también hay varias maneras de pedir ayuda, como la siguiente historia nos enseña.

Margaret ha servido muchos años como oficial en el Ejército de Salvación, haciendo ministerio interurbano en varias regiones del país. Como consejera pastoral, ella ha aprendido que los hombres y las mujeres que piden su ayuda frecuentemente hablan de sus problemas económicos al principio.

Margaret nos contó la historia de Karen,[3] la esposa de un soldado. Igual que Margaret, Karen había sido desarraigada muchas veces cuando el ejército necesitaba que su marido se mudara. Karen y John tenían varios hijos. A pesar de sus esfuerzos desesperados, a Karen no alcanzaba el dinero para pagar los gastos de su casa lo suficientemente bien como para comprar comida para su familia y ropa para sus hijos con lo que John le daba de su sueldo. John era muy controlador de las finanzas de la familia y esperaba que ella se las arreglara con un subsidio que era totalmente imposible. Si los fondos no eran suficientes, lo cual pasaba con frecuencia, él simplemente decía que le había dado el dinero y si no sobraba nada, ¡mala suerte! Pero no iba a darle nada más.

Al principio, Karen le pidió ayuda a Margaret con su presupuesto. «¿Qué puedo hacer para comprar cosas para mis hijos y comestibles también?» En la seguridad de su pequeña oficina en la iglesia, Margaret aprendió que el último recurso de Karen era el banco de comida. Le daba vergüenza pedir esta clase de asistencia, pero había pocas alternativas. Karen temía mucho lo que sucedería si John supiera que obtenía comestibles de esta manera. Pero a menudo él no estaba en casa, a veces por períodos extendidos, cuando sus deberes militares lo llevaban muy lejos. Así que era improbable que él se enterara de sus excursiones al banco de comida.

La oficial del Ejército de Salvación trataba de juntar las piezas de la red complicada de interacciones de la vida familiar de John y Karen. Tal vez John no se hubiera dado cuenta de la seriedad de los problemas o de la desesperación intensa que sentía Karen. Posiblemente, dado que él viajaba tanto, no hubiera tenido la oportunidad de ver personalmente que los niños necesitaban zapatos. O posiblemente le era difícil comprender que sí crecían los pies de los niños. Había muchos «tal veces».

En esta familia había mucho abuso verbal ya sea chillando, gritando e insultando. Aunque Margaret sospechaba que a veces John se ponía físicamente violento, era su conducta controladora que había impulsado a Karen a pedir ayuda.

Desafortunadamente, cuando la relación entre Margaret y Karen había llegado a un nivel de confianza profunda, llamaron a Margaret a un nuevo puesto del Ejército de Salvación.

Como Karen, tal vez usted sea insultada y abusada verbalmente. Estos son medios representativos de conducta controladora. Pueden acompañar el abuso físico o no. Como Karen, posiblemente usted haya comenzado su búsqueda de auxilio con intenciones de cambiar su propia conducta. Puede que usted espere (o no espere) que sus amigas y la gente sensible que la atiende vean más lejos que las razones iniciales que usted dio para pedir auxilio. Podría haberle costado mucho valor el contar su historia a alguien más y luego considerar sus opciones para hacer cambios.

Al contar nuestras historias, aunque seamos víctimas de abuso o no, tejimos nuestras identidades y nos sentimos en una narración más amplia de la vida, una manera de comprendernos a nosotras mismas. El contar nuestras historias nos ayuda a descubrir qué elecciones podemos hacer y qué opciones están por delante. Cuando relatamos nuestras historias, nuestras dolencias se comprenden mejor. Así cobramos las fuerzas para desarmar estructuras, para pasar de la etapa de pensar o hablar hacia la fase de la acción. Cuando vence esta valla, estará lista para planear sus próximos pasos.

LA CUARTA VALLA: LA RESISTENCIA A DESCUBRIR EL PROBLEMA

Al comienzo del libro decíamos que una relación no es salubre cuando usted es despreciada, insultada, amenazada, herida, aislada, vigilada, tratada con falta de respeto, ignorada, avergonzada, o culpada por todos los problemas de la familia. Las historias de Mildred y Brenda en el capítulo uno demuestran con claridad que una víctima del abuso puede ser joven o mayor de edad, con o sin educación superior, en o fuera de pobreza, casada o juntada, cuidando a parientes mayores o esperando el nacimiento de su primer hijo. A pesar de sus circunstancias muy distintas, Mildred y Brenda eran dos mujeres que estaban muy asustadas, y sus narraciones nos enseñan que el abuso puede pasar con cualquier persona en cualquier etapa de la vida.

Lo que sí diferencia a las mujeres es si usted puede quebrantar el silencio acerca de su abuso o no. Para muchas esposas golpeadas, esto significa que tiene que dejar de creer las mentiras que le han dicho, empezar a creer que el futuro puede ser más prometedor que el pasado, y causar perturbaciones productivas mediante las acciones que usted inicia. Frecuentemente la acción comienza con una evaluación de lo que está mal en su vida y en su casa.

Cuando hay abuso, es muy importante evaluar el riesgo, lo cual puede ser una tarea muy difícil. A veces los pastores y otros en el ministerio están incómodos en hacerle preguntas. Como una mujer abusada, puede que usted tenga dificultad en dar mucha información específica sobre sus circunstancias. Tal vez aun se niegue al nivel de ponerse en riesgo a sí misma, y no hay duda de que su abusador también desmiente y minimiza lo que está pasando. Un abusador le dijo a su pastor que él pensaba que no tenía ningún problema. «La mayoría de los problemas eran de su esposa, y si ella simplemente hiciera lo que él decía, entonces todo saldría bien». El pastor notó que la esposa estaba en lo cierto al temer a su marido porque él la había amenazado de muerte.[4]

¿Qué puede hacer alguien en estas circunstancias? Es muy importante escuchar las indirectas que se sueltan en una conversación. Sabiendo escuchar bien, y siendo sensible a lo que verdaderamente se dijo puede salvar una vida. Una persona que escucha bien va a poder captar las pistas que usted, como víctima, está tratando de soltar en una conversación, y tal vez otros indicios que usted misma no haya intentado soltar. El que la escucha bien le hará preguntas e indagará más para comprender mejor estas pistas.

La evaluación de su riesgo y el de sus hijos es de suma importancia. Puede que necesite una persona fuera de la familia, una amiga de confianza, un pastor, o un terapeuta para ayudarla a ver precisamente cuánto riesgo hay para su salud mental y física. Si vive en temor, entonces usted no está segura. Si pisa con titubeo, hay un problema que no debe ignorar más. No olvide las amenazas a sus hijos; ellos no tienen poder de protegerse en la situación. Si no puede garantizar su salud emocional y si piensa que sus hijos están en peligro, entonces es hora de pedir auxilio de afuera. Es hora de decir: «Necesitamos ayuda». La seguridad tiene que ser su prioridad principal; la suya y la de sus hijos.

LA QUINTA VALLA: LA LUCHA DE DECIDIR QUÉ CLASE DE AYUDA USTED NECESITA

Una vez que haya concluido que su seguridad no puede ser garantizada en su casa, entonces es hora de preparar un plan de escape para protegerse la próxima vez que se encuentre en peligro. Pero el encontrar la forma de ayuda que usted necesita no es tan fácil. En realidad es una de las vallas que tiene que enfrentar. Como en el caso de las otras vallas, ésta puede ser una valla más grande o más pequeña según las circunstancias de su vida y su conocimiento de los recursos comunitarios.

Evaluando lo que está mal

Aquí tiene algunas de las maneras por las cuales los pastores han llegado a concluir que algo terrible está pasando en la vida de una mujer que está pidiendo su auxilio.[5] Pregúntese si alguna de estas cosas está sucediendo en su vida.

Sabe que algo terrible pasa cuando...

La comida es controlada.	A ella le daba un presupuesto... Había una cerradura en el refrigerador.
La autonomía es limitada.	Él tomaba todas las decisiones... Aun no permitía que ella saliera para comprar los comestibles.
Hay tortura.	Él es el agresor... y hubo un incidente cuando él mantuvo la cabeza de ella bajo el agua a propósito... Ella tenía que ser completamente sumisa.
Hay intimidación.	Él requiere el control total por medio de su poder físico... Se trataba del uso de escopetas.
No hay decisiones colectivas.	Todo gira alrededor de él... Ella vive en temor.
El espíritu humano está muriéndose.	Él la había asaltado sexualmente varias veces, pero nunca, jamás había amenazado con matarla, pero sin embargo, ella estaba muriéndose poco a poco.
Hay abandono emocional.	Psicológicamente, él la había dejado hace veinte y cuatro meses.
Hay abuso físico.	La ha empujado contra la pared. Y después de empujarla contra la pared, él desaparecía y no regresaba a veces hasta el próximo día, a veces hasta uno o dos días después.
La seguridad es una preocupación.	La seguridad de ella estaba en peligro.

¿Tiene usted trabajo permanente? ¿Hay niños en la casa? ¿Tiene recursos económicos independientemente de su marido, una cuenta separada, su propio carro, inversiones? ¿Hay miembros de la familia que la ayudarán si les pide ayuda? ¿Necesita ver a un abogado? ¿Tiene transporte? ¿Va a necesitar una orden de restricción?

Muchas veces hay necesidades físicas, emocionales, financieras y espirituales. Pensando en todos los requisitos inmediatos y a largo plazo puede ser algo agobiante, especialmente porque sin duda usted ha vivido muchos años oyendo que no puede hacer nada bien.

Una conversación inicial con un pastor o un trabajador del albergue puede ayudarla a localizar los recursos que están disponibles en su comunidad y cómo puede utilizarlos. Más comúnmente se necesitan los servicios legales, la atención médica, la policía, el apoyo psicológico o psiquiátrico, los servicios basados en las escuelas, la asistencia económica de los servicios sociales del estado, el entrenamiento vocacional, el refugio temporal en un albergue, y el apoyo de los grupos de auto-ayuda.

En el capítulo anterior se explican los medios de asistencia disponibles en más detalle, pero es importante repetir que la persona abusada está encargada de su propio camino de recuperación. Nadie más, sin importar sus buenas intenciones, puede decidir exactamente lo que usted requiere. Y nadie más puede analizar el propio itinerario para su proceso de sanidad. Lo que otras personas *sí pueden hacer*, según sus habilidades y su buena voluntad de involucrarse en el proceso, es responder a sus necesidades específicas ya que usted les ha pedido ayuda.

Llegar a aceptar la realidad de su situación es un proceso muy difícil para cualquier mujer cristiana que es abusada ya que su realidad no es sencilla ni fácil. Tiene que vencer muchos obstáculos. Hay dos tipos de necesidades: las prácticas y las espirituales. Además, muy frecuentemente hay muchísimo temor.

Tal vez usted esté asustadísima ahora mismo, mientras lee este libro. Pero revisando cuidadosamente los peligros en su vida y analizando qué recursos están disponibles en su iglesia y su comunidad la ayudará a enfrentarse con su propia realidad, por más terrible que parezca. El aceptar la realidad puede ser el primer paso en un camino hacia la sanidad y la integridad. ¡Cada viaje comienza con el primer paso!

Identifique qué tipo de asistencia usted requiere

Aquí tiene usted algunas estrategias que cientos de pastores han empleado para servir a las mujeres abusadas.[6] Algunas de estas «estrategias de intervención» pueden serle útiles. A usted le toca pedir *auxilio*. Y si la primera persona a quien usted le pide ayuda no puede o no quiere hacerlo, entonces *pídale auxilio a otro*.

LA NECESIDAD	LAS PALABRAS DE UNO QUE HA AYUDADO
¿Usted o sus hijos necesitan rescate?	La rescataron a ella y a sus hijos...
¿Quiere que alguien venga y le responda al abusador?	...Y cuando el perpetrador era una amenaza para sí mismo, tanto como para los demás, yo le serví como una salida de escape, o lo mantuve vivo.
¿Necesita a alguien que es buen escuchador?	No pretendo ser profesional... Tengo un profundo deseo de ser portavoz para los que lo necesitan.
¿Usted requiere un hombro fuerte donde pueda llorar?	Habíamos conversado y en seguida ella se quebrantó en mis brazos. Y sentía como que todo el peso del estrés estaba aquí mismo en el omoplato... Ella se había mostrado tan estoica por tanto tiempo.
¿Tiene necesidad de oír palabras que condenan el abuso que ha sufrido?	Ella no merecía los golpes.
¿Le hace falta que alguien fortalezca su autoestima, o le hace falta desarrollar ciertas habilidades?	Escúchela y ayúdela con su auto-estima. Primeramente, anímela a aprender a manejar un carro... a negarse a ser la esclava de la comunidad... a empezar a valorar su trabajo... de programar un entrenamiento vocacional.
¿Usted necesita consejo espiritual?	Hacía arreglos de manera que ella hablara con alguien con quien podía desahogarse... La ayudaba a comprender que ella no debía culparse.
¿Necesita apoyo espiritual?	Creo con toda sinceridad que espiritualmente, uno se queda al lado de la víctima. Supongo que a veces tengo que sostener sus espíritus mientras ellas hacen su labor.
¿Necesita sugerencias de la asistencia que hay disponible (las recomendaciones de profesionales)?	Vi la magulladura... La estuve aconsejando por un período de tresmeses y me di cuenta de que era mucho más profundo... Estaba intensificándose, así que le dije que nunca la abandonaría, pero que pensaba que sería necesario buscar una intervención más especializada.

PARA LA REFLEXIÓN ESPIRITUAL

Es sumamente difícil que una mujer abusada mantenga una perspectiva clara. Muy a menudo su abusador le ha dicho que ella es tonta, gorda, fea, incompetente e incapaz de mantenerse. Con demasiada frecuencia, ella cree estas cosas porque las ha oído tantas veces. Queda más y más incapaz de ayudarse a sí misma, de pensar con claridad, y de hacer planes para hacer lo posible para terminar el abuso.

El problema puede empeorarse cuando la mujer busca auxilio de su pastor, de un anciano o decano, o de una amiga de la congregación. Si le dicen que ella tiene la culpa y que tiene que ser una mejor esposa; o si le dicen que ella simplemente tiene que quedarse en su situación, entonces su punto de vista probablemente se distorsionará aún más. Así que ella y sus hijos estarán en aun más riesgo.

La Biblia nos cuenta una historia maravillosa de una mujer que mantenía su perspectiva cuando las vidas de sus hijos estaban en peligro. Abigail estaba casada con un hombre cuyo nombre significaba «patán» o «imbécil». La palabra hebrea, *nabal* implica una falta de buen juicio en pensamiento, palabra, acción y actitud. Proverbios habla de las personas como Nabal cuando dice: «Si el hombre sabio contendiere con el necio, que se enoje o que se ría, no tendrá reposo....El necio da rienda suelta a toda su ira, mas el sabio al fin la sosiega» (Proverbios 29.9, 11). «Mas el insensato se muestra insolente y confiado. El que fácilmente se enoja hará locuras» (Proverbios 14.16-17).

«Y aquel varón se llamaba Nabal, y su mujer, Abigail. Era aquella mujer de buen entendimiento y de hermosa apariencia, pero el hombre era duro y de malas obras» (1 Samuel 25.3). Aparentemente, su mala conducta le había ganado su nombre, porque luego Abigail le dijo al Rey David: «No haga caso ahora mi señor de ese hombre perverso, de Nabal; porque conforme a su nombre, así es. El se llama Nabal, y la insensatez está con él» (1 Samuel 25.25). Sin duda, nadie más que su esposa estaba en mejor posición de saber esto.

Seguramente, un hombre como él no había tratado a Abigail con amabilidad ni respeto, pero ella había podido mantener equilibrio en la comprensión de sus tratos. Aunque Nabal era rico, él, como otros

israelitas que vivían en el desierto, necesitaba protección para su rebaño. David, que también vivía en el desierto para alejarse del homicida
Rey Saúl, daba trabajo a sus compañeros refugiados. Los compañeros
de David hicieron una ronda en la tierra escasamente poblada y echaron a los bandidos que querían robarles el ganado. A cambio, los due-
ños le pagaban al pelotón de David.

Pero cuando el grupo se acercó a Nabal, él no quiso mandar un pago
por la protección que le habían dado. El rechazo de Nabal era sarcástico
y arrogante. ¿Por qué debía tomar algo de la buena comida que había
apartado para sus propios obreros y mandársela a David? ¿Y quién era el
tal David de todos modos? Una persona cuyo linaje estaba en duda.

¡El insultar a la madre de alguien siempre es peligroso!

Mientras los mensajeros fueron a informar a David de lo que
Nabal el burlón había dicho, los criados de Nabal le avisaron a Abigail
sobre lo sucedido. Inmediatamente, ella comprendió el peligro que
amenazaba a toda la casa y actuó para remediar la ofensa. Cuando
David empezó a bajar del monte con un pelotón de soldados compuesto de cuatrocientos hombres listos para exterminar a Nabal y su casa,
Abigail empezó a subir el monte con sus criados. En su caravana había
asnos cargados de toda clase de comestibles: doscientos panes, dos cue-
ros de vino, cinco ovejas guisadas, cinco medidas de grano tostado, cien
racimos de uvas pasas y doscientos panes de higos secos.

Abigail entendía muy bien el peligro en que el mal juicio de su
marido se había lanzado a toda la familia. Muchas mujeres abusadas
quedan paralizadas en tales situaciones, pero no era el caso de Abigail.
En este asunto de vida y muerte, su acción fue rápida, decisiva y muy
diplomática. En vez de negar lo que su esposo hizo, o dar excusas, ella
le dijo con franqueza a David que Nabal había cometido un error y que
ella había venido para pedirle perdón. Efectivamente, ella se culpó a sí
misma y asumió el rol de líder para guardar la seguridad de su familia.
Su reacción sensata no solamente salvó las vidas de la familia sino también restringió al enfadado David de cometer un crimen muy serio.

Muchas mujeres no pueden ver más allá de su crisis inmediata y
abrumadora, pero Abigail podía reflexionar sobre las consecuencias a
largo plazo. Había adquirido su sabiduría mediante la contemplación

espiritual, viendo a la justicia y los propósitos de Dios. Con la comprensión de un profeta, ella le declaró a David:

> ...JEHOVÁ de cierto hará casa estable a mi señor, por cuanto mi señor pelea las batallas de JEHOVÁ; y mal no se ha hallado en ti en tus días....Cuando JEHOVÁ haga con mi señor conforme a todo el bien que ha hablado de ti, y te establezca por príncipe sobre Israel, entonces señor mío, no tendrás motivo de pena ni remordimientos por haber derramado sangre sin causa, o por haberte vengado por ti mismo. (1 Samuel 25.28-31)

David respondió con felicidad: «Bendito sea JEHOVÁ Dios de Israel....¡Bendita tú que me has estorbado hoy de ir a derramar sangre, y a vengarme por mi propia mano! Porque vive JEHOVÁ Dios de Israel...que si no te hubieras dado prisa en venir a mi encuentro, de aquí a mañana no le hubiera quedado con vida a Nabal ni un varón» (1 Samuel 25.32-34).

Es importante que las mujeres mantengan un punto de vista realista de lo que está sucediendo en sus vidas. Puede haber consecuencias terribles cuando una mujer se reprocha, se culpa, y acepta la opinión del abusador de ella como tonta, incapaz, insana o desequilibrada. Todos estos insultos imposibilitan el proceso de encontrar una solución positiva. Además puede ser peligroso si ella simplemente piensa que tiene que aceptar el abuso como la voluntad de Dios para su vida. El primer paso es comprender, como Abigail, que la situación es peligrosa y contraria a la voluntad de Dios. Después de eso, hay que hacer algo para remediar la situación.

Robert,[7] un lector ávido de la Biblia con una historia de trastornos mentales, estaba aterrorizando a su esposa y a sus hijos. Siempre insistía en que ellos «fueran sumisos a él en todo», reduciendo a toda su familia a una miseria total. Desesperada, su esposa Matilda habló con un terapeuta. El psicólogo escuchó su historia y le dijo: «Pienso que puedo ayudarte con una condición. Creo que sus problemas tienen mucho que ver con tu religión. Con tal de que esté dispuesta a considerar otra reacción más que la sumisión».

Matilda simplemente salió de su oficina. Más que nada, ella quería obedecer a Dios, sin importar el costo. Seguramente su esposo le había enseñado que la sumisión era la voluntad de Dios para las esposas y ella no haría nada contrario a la Biblia. Regresó a la casa y trataba aun más de ser sumisa pero las cosas empeoraron.

Al final, Matilda encontró a un terapeuta cristiano que atendía a la pareja, pero por separado. Después de varias sesiones, el consejero le preguntó: «¿Por qué permite que sus pensamientos sean torcidos por la enfermedad de su esposo?»

Esa pregunta fue un pasmo para Matilda. Ella sabía que el abuso había tenido un efecto muy grave en sus hijos. ¿Debía ella permitir que su esposo pensara por toda la familia? ¿Estaban diciendo Las Sagradas Escrituras algo que ella no había entendido?

Matilda había leído el cuento medieval de Geoffrey Chaucer sobre Griselda, la mujer paciente, y cómo con el tiempo su paciencia había transformado a su marido en un hombre muy dulce. De alguna forma, ella había hecho de Griselda un modelo de la esposa devota ideal. ¿Es este el patrón de *Dios*? Entonces Matilda empezó a estudiar la historia de Abigail, quien actuaba independientemente de su marido para poder salvar a sus hijos. ¿Es verdad que Matilda también tenía la responsabilidad de actuar apropiadamente para la protección de su familia?

Otros versículos de la Biblia la guiaban a contestar esta pregunta. El papel de Matilda como víctima inútil iba pareciendo cada vez menos apropiado. Dios la había llamado a ser una mujer de fuerza y su actitud cobarde sólo había agravado la conducta pecaminosa de su esposo.

Mientras su actitud cambiaba, basado en convicciones bíblicas, también empezó a cambiar la conducta de Roberto. Cuanto más fuerte se hacía Matilda en su comprensión de la Palabra de Dios, más equilibrado llegaba a ser su marido. Aunque el camino era pedregoso a veces, su suave pero firme insistencia sobre nuevos patrones de relacionarse le traía paz a toda la familia.

SEIS

¿Cuáles son los pasos que puedo dar para seguir adelante con mi vida?

CADA VIAJE COMIENZA CON EL PRIMER PASO. Cuando el camino es duro y la inclinación escarpada, como lo es en su viaje hacia la sanidad, hay muchas vallas que saltar y obstáculos que vencer. Hemos intentado bosquejar para usted algunos desafíos que enfrentará. Pero recuerde que el camino de cada mujer es un poco diferente. Además, el sendero que seguirá no le parecerá derecho todo el tiempo. A veces, creerá que está dando vueltas o que el sendero tiene curvas cerradas en su jornada mientras sube al monte de la recuperación. En otras ocasiones habrá barricadas.

En este capítulo vamos a ver los pasos clave que tendrá que tomar mientras sigue adelante con su vida después de romper el silencio acerca de su abuso y después de pedir ayuda de su iglesia y de su comunidad.

EL PRIMER PASO: ATRÉVASE A SOÑAR
El año pasado hice un viaje a Croacia, una nación que ha experimentado mucha violencia, desesperanza y batalla. Mientras viajaba dentro

de este país del este de Europa, me fijaba en cuántos esfuerzos requería la vida diaria. Veía poca esperanza en las caras de los ancianos y las ancianas y oía el desánimo en las voces de los jóvenes.

Los orfanatos estaban particularmente desesperados: tantos niños, tan poco espacio, tan pocos obreros. A pesar de las nobles intenciones de los que cuidaban a las criaturas que no eran suyas, el porvenir de los niños y las niñas que vivían en los orfanatos no era prometedor. Muchos de ellos terminarían en las calles. Algunas muchachas crecerían, quedarían embarazadas, y entregarían a sus propios bebés a un orfanato, repitiendo de esta manera el ciclo.

Sin embargo, en medio de lo que se puede ver como un estado de gran desilusión, había una luz brillante. Gentle Breezes[1] (Brisas Suaves) era un albergue operado por una mujer cristiana croata. Las jóvenes que eran demasiado grandes para vivir en el orfanato podían ir a vivir unos meses en Gentle Breezes. Allí aprendían las habilidades de la vida, a trabajar con otras personas en un negocio pequeño, y luego se graduaban para vivir independientemente. Cuando visité Gentle Breezes por primera vez, los jóvenes residentes prepararon el té de la tarde para nosotros, una destreza que apenas habían aprendido. Durante mi segunda visita unos meses después, podía mantener una conversación larga con una de las jóvenes que vivía allí.

Sonja[2] me dijo que la vida en un orfanato era predecible; trataban a todo el mundo igual. Había comida, cama, ropa, y, de vez en cuando, actividades. La disciplina era dura, la rutina aburrida.

«¿Nunca intentaste escaparte?» le pregunté.

Una expresión perpleja apareció en su cara. «¿Y adónde me iría?» replicó.

«¿Nunca has tenido miedo?»

Su único temor era que en algún momento tendría que irse del ambiente protector del orfanato y empezar una vida independiente sin dinero y sin habilidades.

Luego hablamos de la nueva vida de Sonja en Gentle Breezes. Aquí cinco mujeres jóvenes con dos trabajadores entrenados estaban aprendiendo cómo trabajar en un jardín, preparar la comida y hacer velas bonitas para vender. Sonja se sonrió cuando le pregunté de qué manera era distinta la vida de ahora. «En todo», me contestó.

Cuando nuestra conversación estaba por terminar, le hice una última pregunta. «¿Cuáles eran algunos de tus sueños o deseos como niña o adolescente viviendo en un orfanato con otras muchachas?»

Tardó mucho en contestarme, pero finalmente respondió con unas palabras que jamás voy a olvidar. Sonja me dijo en voz baja: «¡No me atrevía a soñar!»

Atreviéndose a soñar que mañana podría ser diferente es un signo clave de la recuperación, un paso importante en el camino hacia la sanidad y la integridad. En su viaje de recuperación, tiene que darse permiso a sí misma de soñar. Mañana puede ser distinto. Con el poder de Dios y el apoyo de su comunidad de fe, el atreverse a soñar involucra trazar una vida nueva, liberada del abuso pasado. Es un paso esencial para seguir adelante. Nunca se olvide, el camino es solamente una serie de pasos. Sólo puede dar un paso a la vez.

EL SEGUNDO PASO: BUSQUE UN BUEN OYENTE

Un segundo paso importante en el camino hacia la sanidad es encontrarse con alguien con quien pueda hablar, en quien pueda confiar, una persona que la escuchará y comprenderá el dolor que siente. Simplemente, el ser un «buen oyente» es ser un individuo que escucha atentamente y calladamente a alguien más. ¡Se puede decir que un buen oyente es una persona cuyos oídos son más grandes que su boca!

No es fácil encontrar a tal persona. Posiblemente hará varios intentos antes de lograrlo. Pero vale la pena encontrar a la persona apropiada. No se dé por vencida si las primeras personas en quienes usted trata de confiar le fallan. No todo el mundo está dotado en la capacidad de escuchar y reaccionar con calor y apoyo. El escuchar puede ser duro. ¡A veces aun parecería que la comunidad cristiana tiene más lenguas que oídos!

Bárbara y su madre Kathryn viven en una comunidad rural en la costa del este donde asisten a una iglesia bautista.[3] Cuando hablaba con el equipo de investigación de Nancy, Bárbara lamentó la incapacidad de su madre de oír la historia de su propia hija. «Estaba visitándome y un sábado por la noche estábamos sentadas a la mesa jugando un juego de Scrabble (un juego de palabras) y ella me dijo: "¿Sabes qué?, no entiendo estos albergues". Ella continuaba. "La gente vivió muchos años sin albergues y ¡cualquier mujer que permite que un hombre la abuse es una tonta!"»

El apoyo práctico y el viaje de recuperación

¿Qué clase de ayuda práctica podría yo esperar de las mujeres de mi iglesia?
Aquí hay unas posibilidades, basadas en unas entrevistas que Nancy y su equipo hicieron con 136 mujeres evangélicas que habían ofrecido apoyo a una mujer abusada.

El apoyo emocional
• Un buen oyente
• Una amistad continua
• Acompañarme a las audiencias de la corte
• Compartir su propia historia de abuso
• Conectarme con un grupo de apoyo

El apoyo físico
• Ofrecerme un alojamiento temporal, una cama por la noche
• Cuidar a mis hijos
• Darme dinero de emergencia
• Ofrecerme transporte
• Darme comestibles
• Prestar o darme muebles
• Darme apoyo económico indirecto

El apoyo espiritual
• Orar juntos
• Compartir versículos de las Sagradas Escrituras

Recomendaciones profesionales
• Recomendar un albergue
• Recomendar un ministro

El consejo
• Ofrecerme consejos como amiga
• Ofrecerme consejos en un contexto profesional

«Y le pregunté: "Mamá, ¿Cuántas veces piensas que viniste al hospital para verme cuando mis ojos estaban amoratados, cuando mis dientes habían atravesado mis labios y mi garganta estaba cortada, cuando caí por las escaleras o tropecé con un trineo?"»

Fue muy doloroso para Bárbara cuando se dio cuenta de que su madre era incapaz de ver con claridad lo que estaba sucediendo en su vida. Kathryn no tenía ojos para ver, ni oídos para oír, la verdad de la vida de su hija o la angustia detrás de sus magulladuras, porque Bárbara se había casado con un fiel, no menos que un líder de la iglesia.

Reflexionando en su propia jornada, Bárbara, una madre de mediana edad, pensaba en cómo muchas mujeres abusadas cierran su angustia dentro de sí mismas por toda la vida: «Van a morirse con su dolor porque no tienen a nadie que las escuche».

Para Bárbara, igual que para muchas mujeres cristianas, los primeros intentos de buscar apoyo emocional cayeron en oídos sordos. Es muy decepcionante y triste cuando usted revela las profundidades de su experiencia a alguien y luego descubre que en realidad no están escuchándola.

Hay que prepararse para esta posibilidad: le puede pasar lo mismo. Tal vez vaya a tener que deslizar pistas a varias amigas o a más de un líder de la iglesia antes de encontrarse con un buen oyente.

EL TERCER PASO: ACEPTE LA AYUDA

La mayoría de nosotros tiene una pizca de independencia: queremos hacerlo *sola*. Desde que éramos pequeñas, queríamos salir de la cuna y del cochecito de niño, andar sin agarrarle la mano a nuestra madre, cruzar la calle sin un adulto, subir al metro sola; en efecto, tomar nuestras propias decisiones y encontrar nuestro propio camino.

Posiblemente en los meses y años recientes, su abusador le haya dicho que no puede hacer nada bien. Ya sabiendo que esto es mentira, tal vez ahora usted sea reacia a ponerse en una situación donde necesita ayuda de alguien más. Eso es comprensible.

Pero aceptar la ayuda de las demás personas no es igual que depender de ellas. Usted tendrá que aceptar el apoyo práctico de otras personas mientras viaja hacia la independencia completa. Cuando haya decidido qué clase de ayuda necesita y esté lista para aceptarla con amabilidad, entonces habrá dado un inmenso paso hacia adelante.

La forma de ayuda que usted requiere seguramente depende de sus circunstancias específicas y el vacío entre lo que tiene y lo que necesita. También depende de los recursos de otras mujeres que están dispuestas a llenar el vacío. Finalmente, está relacionada con los recursos disponibles en su localidad.

UN PASO A LA VEZ

Si está enfrentando una larga subida de una montaña, o un paseo sin prisa en una playa arenosa, el mismo principio se aplica: sólo puede dar un paso a la vez. *Paso tras paso.* Cuando el sendero es duro y escarpado y es difícil conseguir el equilibrio, habrá veces cuando usted pensará que está dando un paso adelante y otro paso atrás, o a un lado. Va a seguir adelante centímetro a centímetro, haciendo círculos alrededor de los obstáculos. Es raro que uno marche derecho mientras va hacia delante y arriba.

No todas las mujeres abusadas tienen los mismos desafíos ni los mismos obstáculos. Los pasos en el camino hacia la sanidad varían según las circunstancias de su abuso, y las habilidades y los talentos que forman su ser. De la misma manera que usted es una creación única y muy amada por Dios, su jornada también será única. Serán sus pasos y sólo suyos. Sin embargo, hay ciertos problemas que la mayoría de mujeres abusadas tienen que resolver. Mientras usted lea los pasos alistados abajo, escoja los que le parezcan que son iguales a su viaje, lo que ha enfrentado, y lo que todavía tiene que vencer.

LOS PASOS EN LA JORNADA HACIA LA RECUPERACIÓN

Aquí tiene algunos de los pasos que los pastores han observado en el camino hacia la sanidad de las mujeres abusadas que les han pedido ayuda.[4]

LOS PROBLEMAS QUE LAS MUJERES ABUSADAS ENFRENTAN	LAS SOLUCIONES: LA PARTICIPACIÓN ACTIVA
El ser pasivas, aceptando la versión del abusador sobre la situación.	Hay que cuestionar las mentiras.
Ella se sentía abandonada por Dios.	Reconozca el abandono.
Se trata de escoger el camino de menos resistencia. Probablemente es la forma en que ella contribuye al conflicto en la relación: quedándose en una relación insalubre.	Empiece a resistir el maltrato.
Usted se casó con este hombre y tiene que perseverar con él, en la prosperidad y adversidad, y realmente es difícil decidir irse al final. Es una de las decisiones más penosas que he tomado en toda mi vida.	Tome decisiones difíciles.
LAS PERPLEJIDADES QUE LA MUJER ABUSADA ENFRENTA	**SOLUCIONES: NUEVOS DISCERNIMIENTOS/ NUEVAS COMPRENSIONES**
Dado que los votos que hice ante Dios, son sagrados. ¿Cómo puedo quebrarlos? Además, se sienten condenadas hasta que un ministro les informe que donde no hay amor, no está Dios.	Líbrese de la condenación espiritual.
El mensaje cristiano de la resurrección es uno de vida nueva. En muchos casos, esta vida nueva involucrará el reconocimiento de que la relación está muerta, y el divorcio es el entierro.	La resurrección significa vida nueva.
Creo que ella ha tenido una crisis espiritual… En fin, la elección era suya, y pienso que la ayudaba a estar mejor situada para tomar esa decisión.	Gane la libertad de escoger.
Él era un anciano, muy respetado en la iglesia y en la comunidad y la golpeaba. Ella tenía muchas preguntas espirituales, por ejemplo, ¿Cómo debe reaccionar una buena esposa cristiana? La vida de él es exactamente cómo la quiere. No tiene ningún motivo para cambiar.	El hombre abusivo tiene que ser desafiado.

LAS PERPLEJIDADES QUE LA MUJER ABUSADA ENFRENTA	SOLUCIONES: NUEVOS DISCERNIMIENTOS/ NUEVAS COMPRENSIONES
Mucha gente dice: «¿Por qué no habla con ellos acerca del perdón?»... Pero no debe decirle a una víctima que ella tiene que dar la vuelta y perdonar a su abusador cuando el puño de éste se le viene encima. Hay que esperar hasta que ella esté fuera de peligro, hasta que se haya recuperado, y no deje que el enojo la destruya desde adentro. Entonces puede hablar con ella sobre el perdón para q ue pueda seguir adelante con su vida. Cuando la víctima se ha transformado en sobreviviente, entonces llega el tiempo apropiado para perdonar.	El camino hacia el perdón es largo.

EL CAMINO LARGO HACIA EL PERDÓN

Cualquier conversación sobre el camino hacia la sanidad finalmente llegará al tema del perdón.[5] El perdón es un concepto teológico muy complicado, y es difícil hacerlo, especialmente cuando el abuso es lo que se tiene que perdonar. Lea esta conversación entre tres mujeres de uno de nuestros grupos de enfoque.

MUJER 1: Casi he cumplido los cincuenta y un años... Uno puede llegar al punto de pensar que lo ha perdonado... [pero] nunca se puede olvidar de un trauma severo.

MUJER 2: Tenemos que perdonar para que seamos sanadas y para seguir adelante, [pero] con respecto al olvido, jamás podría volver a confiar en esa persona.

MUJER 3: Pero pienso en lo que el apóstol Pablo quería decir cuando hablaba del olvido de lo que está atrás. Quería decir que no permitamos que el pasado determine cómo vivimos hoy.[6]

En *Congregational Trauma: Caring, Coping and Learning* (El Trauma congregacional: amando, enfrentando y aprendiendo), Jill M. Hudson arguye que el perdón es un verdadero concepto teológico.[7]

Esto significa que es en medio del cuerpo de los fieles; la iglesia, dónde hacemos las preguntas difíciles sobre el perdón, y dónde aprendemos a aceptar el perdón de Dios hacia nosotros. «¡Cuán agradecidos debemos estar que el perdón de Dios para nosotros es más grande que nuestra habilidad de arrepentirnos o de perdonar a los demás!»[8]

Con el tiempo, y considerando que este es muy importante en el camino hacia la recuperación de la ira y el rencor, del deseo de vengarse y castigar; todo sigue su curso y puede ser remplazado con el amor y la paciencia de Dios en el corazón de la víctima. Así, el perdón puede ser entendido como un llamado de Dios al creyente. Sin embargo, sabemos que ambas, nuestra recuperación y nuestra capacidad de perdonar, están relacionadas con la provisión del amor de Dios en nuestras vidas.[9] Cuando una mujer abusada está en medio del proceso de perdonar, lo que un pastor debe ofrecerle puede ser «un ministerio de su presencia» en vez de «un ministerio de palabras».[10]

Como otros que han escrito sobre el perdón, Hudson nos hace recordar el clamor de Jesucristo desde la cruz: «Padre, perdónalos, porque no saben lo que hacen» (Lucas 23.34). El perdón no borra el dolor del pasado, tampoco desmiente nuestro sufrimiento o hace que finjamos que no nos importa. Al contrario, cuando el perdón es completo, la angustia del pasado ya no controla nuestro camino futuro, ni nos atrapa en una red complicada de ira y desesperación.

En *When Bad Things Happen to Good People* (Cuando las cosas malas pasan a la gente buena), Rabbi Harold Kushner razona que la habilidad de perdonar y de volver a amar son ejemplos del poder que Dios nos da para vivir en un mundo quebrantado, menos que perfecto.[11] La comunidad de fe puede apoyar a la persona que cree que su fe no la puede sostener en su tiempo de sufrimiento. La fidelidad de Dios puede ser expresada por una iglesia fiel, dando amor y caridad a la persona que está herida o traicionada, o que se siente débil en el momento de prueba. Puede ser que la iglesia sea llamada a ser intercesora, el vínculo entre una víctima femenina y Dios.

En *Shattered and Broken* (Destrozada y Quebrantada), Rutherford y Linda McDill se oponen al consejo que muchos pastores y otros líderes bien intencionados de la iglesia dan a veces a la mujer abusada: que perdone a su esposo y regrese a casa para ser una mejor esposa y madre.[12] Ellos proponen el argumento que esto puede ponerla en peligro físico y atrasarla más en su búsqueda de la ayuda que ella necesita desesperadamente. «El perdón verdadero», según los McDills: «es mucho más complicado que el perdón ciego».[13]

Entonces, ¿En qué consiste *el verdadero perdón*? Seguramente, involucra el arrepentimiento del abusador, no sólo su remordimiento por el ataque, sino también su reflexión sobre lo que convirtió su ira en violencia, una renuncia de los actos abusivos del pasado y un verdadero paso adelante hacia una manera nueva de relacionarse con la mujer que antes abusaba.[14]

En su ensayo «Forgiveness, the Last Step» (Perdón, el último paso), Marie Fortune escribe que el perdón es un recurso aprovechable para el consejero pastoral en ayudar a las mujeres y sus hijos abusados.[15] Es una parte importante del proceso hacia la sanidad, un medio de restaurar a la integridad una vida que ha sido destrozada por el abuso. Pero el perdón es el último paso en la jornada de recuperación, según Fortune. Es el último peldaño en la escalera que la víctima sube en su batalla para vencer las fracturas del pasado. El perdón no puede venir antes de que la justicia se haga o que el perpetrador rinda cuentas por su comportamiento. El perdón que es prematuro realmente perjudica la recuperación de ambos, el perpetrador y la víctima. Demasiada presión a la víctima de «perdonar y olvidar» pronto evita que el abusador haga los cambios verdaderos, y además, puede ser peligroso para la víctima. De esta manera continúa el ciclo abusivo muchas veces. *Tampoco es* el modelo bíblico del perdón enseñado por Jesucristo.

El perdón auténtico puede desarrollarse después de que la justicia ha sido servida. ¿Y cuáles son los ingredientes necesarios para la justicia?
- decir la verdad
- reconocer que un daño ha sido perpetrado
- romper el silencio
- escuchar toda la historia
- rehusar minimizar las consecuencias
- ofrecer protección a los vulnerables: a la mujer y a sus hijos dependientes que todavía pueden estar en peligro

El perdón responde a la justicia. Es el proceso de dejar tanto los mismos actos violentos como los recuerdos asociados con ellos. El perdón es «la elección de no permitir más que el recuerdo del abuso siga abusando» la vida de alguien.[16] Esto quiere decir que el perdón «puede ser el acto más caritativo y compasivo que la iglesia pueda ofrecer» a las mujeres y a los niños abusados.[17]

El perdón es una expresión de nuestra relación con Dios. Al menos, el perdón significa que una víctima se da permiso a sí misma de pedir ayuda y comenzar su vida de nuevo. También el perdón denota que se puede empezar a ver el mundo sin enfocarse siempre en el dolor del pasado. Pero el proceso de perdonar al abusador lleva mucho tiempo, y no ocurre en un vacío. Crece en la tierra de aceptación y en los consejos cariñosos por parte de los que están escuchando al Espíritu de Dios.

Generalmente, el perdón tiene muchas dimensiones:
- reconocer el mal
- reconocer el sufrimiento que el mal ha causado
- reconocer a quien ha perpetrado el acto terrible
- nombrar el acto en presencia de otros
- lamentar la pérdida de la relación
- lamentar la pérdida del sueño de «la familia cristiana feliz»
- lamentar el quiebre de los votos de matrimonio
- lamentar la falta de apoyo de otros miembros de la familia y de los amigos
- lamentar la falta de apoyo de algunos miembros de la familia de la fe
- reconocer la ira que siente contra el abusador
- reconocer su enojo contra Dios
- reconocer su enojo contra la iglesia u otros cristianos
- decidir que el pasado ya no va a controlar el presente
- decidir que el futuro involucrará nuevos planes, nuevas ideas
- anhelar una vida espiritual reanimada, nacida de crisis
- decidir enfocarse en algunas maneras en las que la fuerza ha resultado de la vulnerabilidad o debilidad
- verse a sí misma como una persona libre del daño, enojo y resentimiento del pasado

Esencialmente, el perdón es la reacción cristiana al proceso de la recuperación en su vida. Pero hay mucho que el perdón no es. No es fácil y no pasa rápidamente. El perdón verdadero requiere tiempo, muchísimo tiempo.

El perdón *no puede ser*:
- puesto en un horario por alguien que no sea usted
- cumplido sólo porque otra persona lo pida o lo espere
- ofrecido hasta que usted comprenda totalmente la angustia del pasado o su impacto
- exigido
- requerido
- una manipulación de la comunidad cristiana para fingir que todo en la vida de su familia está bien
- la recompensa para el pastor o la pastora por su trabajo duro
- entendido como una garantía de seguridad o protección
- entendido como un regreso a las cosas como eran antes, como si el abuso nunca hubiera sucedido
- entendido como una garantía para reconciliación
- una razón para ponerla a usted o a sus hijos en peligro

Además hay varias cosas que el perdón no puede hacer:
- El perdón no puede preceder el arrepentimiento sincero.
- El perdón no puede seguir una fórmula.
- No puede ignorar el pasado.
- No puede esconder o disfrazar la ira y la angustia que usted siente.
- No puede ocurrir en aislamiento de otros factores sociales o culturales.
- No es lo mismo para todo el mundo.

Para usted como creyente, el perdonar involucra la obra y la ayuda del Espíritu Santo. Es una parte de la invitación de Dios para la vida santificada. De hecho, es una reacción al llamado de Dios que todos repetimos en las palabras del Padre Nuestro. El perdón nos recuerda que nosotras también hemos sido perdonadas. El perdón abre la puerta de oración al Cielo.

Aunque el proceso del perdón es importante, no puede ser forzado por la comunidad cristiana ni por un pastor bien intencionado. Al igual que la producción de fruta bonita en un jardín involucra una labor sucia al principio (echando el fertilizante, plantando, desherbando); así también crecen la promesa y la posibilidad de perdonar a la persona mientras usted reconoce su propio dolor, cambia su energía de desmentir a actuar, y llega a ser sobreviviente en vez de sólo una víctima.

PARA LA REFLEXIÓN ESPIRITUAL

Las lágrimas le cegaban los ojos a José y le daba nauseas a sus entrañas el bandazo del camello a través del desierto. Enfermo de la moción y del choque, casi no podía creer lo que le había pasado. Las cuerdas que lo ataban se le clavaban en los brazos y las piernas, confirmando que realmente era un esclavo. Entre las olas de enfermedad y coraje, buscaba soluciones. ¿Cómo era posible que él, hijo favorito de su padre, fuera un esclavo en las manos de unos comerciantes avaros? ¿Cómo era posible que sus hermanos lo hubieran vendido a la esclavitud?

José había visto las monedas de plata que los mercaderes habían recibido en el trato. ¿Cómo podían traicionar a su propio hermano de esta manera? ¿Ahora qué harían a su pequeño hermano Benjamín? Siempre había tratado de servir a Dios: ¿Cómo le podían haber sucedido tantas cosas terribles de repente?

José era un joven inteligente, un hecho que no había escapado la atención del resto de la familia. No es fácil vivir con la brillantez. Además, era buen mozo y sin duda el hijo favorito de su padre que lo malcriaba. Unos regalos especiales, como un saco elegante con mangas largas y el trato preferente les había despertado los rencores a los diez hermanos mayores. Además, José había ido a su padre para acusar a sus hermanos.[18]

En combinación con sus otros dones, el muchacho tenía una capacidad extraordinaria de entender e interpretar los sueños. Tal vez como resultado de haber observado las insuficiencias de sus hermanos, soñó que estaban en un campo atando manojos de grano. Cuando su manojo se levantaba en posición vertical, los de sus hermanos se inclinaban al suyo. Hubiera sido mejor no hablar del sueño a nadie, pero el hijo menor anunció su visión a toda la familia. Luego se jactó de un sueño aun más sorprendente. El sol, la luna y once estrellas se inclinaban ante él. Tal arrogancia ofendía a su familia entera y le ganó un reproche de su papá. «¿Acaso vendremos yo y tu madre y tus hermanos a postrarnos en tierra ante ti?» (Génesis 37.10)

Los otros hermanos estaban hartos de la superioridad de José. Cuando su padre lo mandó a revisar la labor pastoral de sus hermanos, ellos reconocieron su saco especial a lo lejos. De repente tuvieron una oportunidad de deshacerse del impertinente de una vez por todas. Su primer plan era matarlo, pero Rubén, el mayor, los convenció para echarlo en una cisterna y dejarlo allí. Él pensaba regresar luego a rescatarlo y devolverlo a la familia.

Pero, mientras Rubén se había apartado, una caravana de mercaderes se acercaba y a Judá, otro hermano, se le ocurrió una idea: ¡podrían vender a José! Los otros hermanos se pusieron de acuerdo rápidamente. Veinte piezas de plata eran muy bien recibidas por una familia cuya riqueza se medía en ganado. ¡Vete con viento fresco, José! Mancharon su saco con la sangre de un animal para convencer a su padre de que José había sido matado en un ataque de una bestia. Aunque Rubén no estaba involucrado en la venta de su hermano, cuando supo lo que había pasado, no se molestó en decirle la verdad al anciano Jacob.

Para José el viaje en camello hacia Egipto significaba el fin de todo lo que había conocido en la vida; su identidad como el muy amado de su papá, su lugar en la familia como miembro favorecido, su creencia que algún día iba a gobernar a sus hermanos, su confianza en el potencial de sus dones y talentos. Todo ya estaba perdido y para la venta en el mercado de esclavos de Egipto.

En Egipto, José, que siempre había vivido en una carpa, veía edificios de piedra y ladrillo, decoraciones de oro, marfil y ébano, una cultura sofisticada que era desconcertante a primera vista. Lo compró el capitán de la guardia del faraón, un hombre acostumbrado a determinar el trabajo que hacían los obreros. Pronto le dio el trabajo de gerente al joven hebreo, y el capitán estaba encantado con su aprendizaje rápido de las tareas administrativas. Puso todo en las manos de José, quien lo manejaba todo con lealtad. La Versión Septuaginta declara en Génesis que Dios derramaba su misericordia sobre el joven.

Pero otra vez su inteligencia y aspecto bien parecido causaron problemas. Esta vez fue el acoso sexual. La esposa de Potifar lo invitó a su recámara, pero José protestó que no podía violar la confianza de su señor. «¿Cómo, pues, haría yo este grande mal y pecaría contra Dios?» (Génesis 39.9) La mujer, humillada, fue a su esposo y acusó falsamente a José, y aquél lo echó en la cárcel real.

Esta encarcelación injusta y cruel había sido el resultado de su lealtad misma, y la amargura se apoderó de él. Año tras año en esa prisión, tenía bastante tiempo para tratar de comprender el caso del abuso doméstico más obvio en la Biblia. Primero, había sido víctima de sus hermanos y luego de la esposa de su señor. La versión tradicional de la Biblia en inglés dice que «El hierro entró en su alma» pero el hebreo literal dice: «su alma entró en el hierro» (vea Salmo 105.18). ¡Qué bien comprenden esta declaración las víctimas del abuso!

El director de la prisión reconocía no sólo sus habilidades de gerente, sino también su integridad, así que pronto José quedó a cargo de la prisión. Todo lo manejaba con lealtad y bastante bien, y José se familiarizaba con el sistema de gobierno de Egipto.

Cuando el copero y el panadero principales fueron echados a la cárcel, José tuvo la oportunidad de hablar con los oficiales más importantes de la corte. Él podía interpretar sus sueños y predecir al copero su restauración al poder real. Lo único que le pidió al copero era que le dijera al faraón de su aprieto y su inocencia. Pero por dos años el copero se olvidó.

Pero cuando el faraón estaba perturbado con un sueño que nadie podía interpretar, el copero le sugirió que se lo dijera al hebreo quien afirmaba que su interpretación venía de Dios. José explicó el sueño del faraón como una previsión de siete años de abundancia seguida de siete años de sequía. Por eso le dieron la posición de primer ministro de Egipto y le entregaron la responsabilidad de manejar la producción y distribución de comestibles. Era una posición ejecutiva tan alta como podría haber deseado—¿Pero por qué no estaba con los suyos? ¿Por qué no podía utilizar sus talentos de la manera que había previsto hacía tantos años?

Los siete años de abundancia pasaron y la sequía comenzó. Para el segundo año, la familia de Jacob estaba desesperada por alimento, y mandaron a los diez hermanos a Egipto para comprar trigo. No podían reconocer a su hermano perdido en el magnífico gobernador egipcio que estaba encargado de las ventas, pero José los reconoció inmediatamente.

Luchando para controlarse y pensar en una estrategia para enfrentarse con ellos, les exigió decirle de dónde venían. Cuando dijeron que eran de Canaán, él sabía sin duda que *era* su familia. Estaba inundado de emociones: ternura y amargura, nostalgia y coraje, amor y odio. Cada cara ante él le despertaba recuerdos de su niñez, pesares, rencores. Y ante sus caras flotaba una visión de los manojos de trigo y las estrellas en sus sueños de tantos años atrás.

Por muchos años, José había esperado este momento, pero por alguna razón no había esperado todos los sentimientos que experimentaba en ese momento. Tomando una postura defensiva, los acusaba de ser espías mandados a Egipto para evaluar sus debilidades. Los hermanos lo negaron con vehemencia, insistiendo que habían venido a comprar alimentos para su familia. Mientras José seguía acusándolos, los hermanos insistían que eran hermanos y que su padre los mandó a Egipto en una búsqueda desesperada por trigo. Con más interrogación, ellos revelaron que un hermano «no era más» y que el menor se había quedado en casa con su padre.

Probablemente José se gozaba de ver a sus hermanos ponerse nerviosos, y algunos lectores lo han acusado de haberlos engañado elaboradamente. Pero José tenía todo el derecho de examinar la dinámica de la familia con cuidado. Los hermanos fueron encarcelados por tres días, acusados de ser espías. ¡Sin duda era una oportunidad para ellos de pensar seriamente sobre sus vidas! También José necesitaba tiempo para examinar sus emociones.

Al tercer día José, diciendo que él también creía en Dios, liberó a todos con excepción de uno. Los otros deberían llevar el trigo a todas sus familias. Un hermano se quedaría atrás en la prisión hasta que Benjamín, el más joven, fuera traído a Egipto para verificar las alegaciones sobre la familia.

Los hermanos quedaron asombrados. Seguramente era una sentencia contra ellos por su traición de José. Como él les hablaba por medio de un intérprete, no tenían la menor idea de que él había entendido todo lo que decían. «Verdaderamente hemos pecado contra nuestro hermano, pues vimos la angustia de su alma cuando nos rogaba, y no lo escuchamos. Por eso ha venido sobre nosotros esta angustia».

Entonces Rubén les respondió, diciendo: «¿No os hablé yo y dije: No pequéis contra el joven, y no escuchasteis? He aquí también se nos demanda su sangre» (Génesis 42.21-22). Sin embargo, Rubén tampoco era inocente. Nunca le había dicho a su papá la verdad del destino de su hijo favorecido, ni había hecho ningún esfuerzo para rescatar a José de Egipto.

Las lágrimas abrumaron a José cuando, después de tantos años, sabía que sus hermanos habían asumido la responsabilidad por el terrible crimen que cometieron. También entendía que el camino hacia la reconciliación no podía ser corto ni fácil. Ataron a Simeón mientras sus hermanos miraban, y lo regresaron a la prisión mientras los otros hermanos fueron mandados en su camino con trigo y con un reembolso del dinero que habían traído. Tal vez una porción del dinero había sido recibida años atrás como el precio de un niño esclavo.

Durante su viaje de regreso, había más cosas en las que los nueve hermanos tenían que pensar. Se les había explicado con claridad que no se les vendería más trigo ni se le dejaría a Simeón en libertad hasta que la presencia de Benjamín verificara lo que ellos habían dicho. ¿Iban a abandonar a Simeón en una cárcel egipcia igual que José? ¿Qué tan profundas eran las lealtades de la familia? Las preguntas eran lastimosas, pero les traían el desarrollo necesario. Los hermanos se preguntaron el uno al otro: «¿Qué ha hecho Dios en contra de nosotros?» Era un viaje largo para llegar a su familia en Canaán, pero la distancia emocional y espiritual era aun más larga.

El anciano Jacob estaba fuera de sí cuando supo que Simeón había sido detenido en Egipto y que sólo una visita de Benjamín podría obtener su libertad. La declaración del virrey de que ellos no tendrían la libertad para comprar más trigo en Egipto hasta que Benjamín viniera también, era problemática. Se preocupaban aun más cuando el dinero que cada hombre había pagado para comprar trigo apareció en su bolsa vacía.

Ahora el patriarca lamentaba la pérdida de dos hijos: José y Simeón. No quería ni siquiera oír de la posibilidad de permitir que Benjamín fuera a Egipto, porque Benjamín y José eran los únicos hijos de su esposa muy amada, Raquel; no podía aguantar la pérdida de los dos.

Finalmente el hambre obligó a Rubén a actuar con responsabilidad. «Harás morir a mis dos hijos, si no te lo devuelvo [a Benjamín]. Entrégalo en mi mano, que yo lo devolveré a ti» (Génesis 42.37). No había otro remedio: los hermanos *tenían que* regresar para conseguir más trigo.

Mientras Jacob protestaba, Judá se presentó y prometió que él mismo sería la garantía para Benjamín. «Yo te respondo por él; a mí me pedirás cuenta. Si yo no te lo vuelvo a traer, y si no lo pongo delante de ti, seré para ti el culpable para siempre» (Génesis 43.9). Aunque fue la mala sugerencia de Judá que originó la esclavitud de José, fue su promesa ahora que impulsó a Jacob a dar su permiso. Esta situación los hizo madurar más.

El padre mandó a Benjamín, en la compañía de sus hermanos, con el doble de dinero para comprar el trigo, y finalmente se presentaron de nuevo ante José. Otra vez, José tuvo que luchar para controlar sus emociones, especialmente cuando vio a su amado Benjamín. Había sido en el momento del nacimiento de éste que su madre Raquel había muerto, y José siempre había tenido una preocupación especial por él.

Mandó a traer a los hermanos a su casa; lo que sólo aumentó el terror de ellos. Rogaron a su mayordomo que aceptara el dinero que trajeron para su primera compra y que había aparecido misteriosamente en sus bolsas. El mayordomo les aseguró que debía tratarse de una obra de Dios y trajo a Simeón para reunirlo con ellos.

Cuando llegó a la casa, José insistió en que le dieran información detallada sobre Jacob. De repente estaba mirando a los ojos de

Benjamín. Era más de lo que podía aguantar y pronto salió del salón para llorar a solas.

Volvió y mandó que se les agasajara con un banquete suntuoso, en el que se les asignaron asientos a sus hermanos según su orden de nacimiento. Otra vez, se miraron, el uno al otro con terror. ¿Cómo era posible que esto fuera una coincidencia? A Benjamín le dieron porciones extras de comida.

Después, fueron despedidos, otra vez con el dinero escondido en sus bolsas y con la copa ceremonial de José escondida en el costal de Benjamín. En seguida, los oficiales fueron mandados a detener al hermano que se había «llevado» la copa.

Todos los hermanos acompañaron a su hermano de vuelta al palacio y a José le insistieron que Benjamín era inocente. José les dijo que no tenía ningún deseo de detener a los otros, solamente al culpable que le había robado la copa.

Ahora Judá asumió la iniciativa. Le contó toda la historia de la angustia de Jacob en dejar que su hijo menor viajara a Egipto, y cómo Judá le había prometido hacerse cargo del bienestar de Benjamín. Esta vez, el que había conspirado la esclavitud de un hermano rogó que lo hicieran esclavo en lugar del otro. El que había sido responsable por la angustia de su padre ahora trataba desesperadamente de evitarle más pena. «Te ruego, por tanto, que quede ahora tu siervo en lugar del joven por siervo de mi señor, y que el joven vaya con sus hermanos. Porque ¿cómo volveré yo a mi padre sin el joven? No podré, por no ver el mal que sobrevendrá a mi padre» (Génesis 44.33-34).

El punto crítico había llegado. El arrepentimiento era verdadero y abrumó a José en su totalidad. Ahora un camino había sido abierto para una reconciliación más profunda de lo que hubiera podido imaginarse. Despidiendo a su personal con rapidez, José, con tantos años de aislamiento de su familia, les reveló su verdadera identidad. «Yo soy José», declaró.

Sus hermanos no podían comprenderlo, aunque les hablaba en su idioma. A su petición, ellos se le acercaron, y José prometió que no tenían que temer su venganza. Era Dios que había obrado para salvar a la familia durante una sequía terrible.

El perdón fue expresado en su generosidad. Los que habían vendido a José como esclavo recibieron provisión suntuosa de alimentos, tierra y honor en el país de Egipto. Fueron recibidos en la corte real y rociados con favores.

Después de la muerte del anciano Jacob, los hermanos tenían miedo de que José todavía los resintiera. Él les aseguró: «Vosotros pensasteis mal contra mí, mas Dios lo encaminó a bien, para hacer lo que vemos hoy, para mantener en vida a mucho pueblo» (Génesis 50.20).

El camino a la reconciliación había sido muy largo, pero el arrepentimiento y el perdón habían ganado. Era la obra de Dios.

SIETE

¿Cómo puedo entender qué clase de ayuda necesita mi abusador?

CAROL Y BOB[1] ERAN MIEMBROS ACTIVOS de la Primera Iglesia Bautista de Greenside Harbor. De hecho, los escogieron como delegados para una convención nacional de la iglesia, y allí era donde ellos se reunían con el reverendo George McCullough, un pastor de treinta y algo, que los había casado unos años atrás. Ahora lo llamaron otra vez para servir como su consejero pastoral, aunque no eran miembros de su congregación. La historia prosigue así.

Ambos, Carol y Bob, habían estado casados anteriormente. Carol había experimentado mucho dolor y angustia en su primer matrimonio. Como resultado, ella estaba determinada a asegurarse que su matrimonio con Bob no fracasara. Pero Bob trajo mucho bagaje emocional a la relación. Puesto que su divorcio fue por razones de crueldad mental y física, el pastor estaba muy reacio a darle su apoyo a su matrimonio con Carol.

Pero Bob insistía apasionadamente que sus costumbres antiguas habían sido transformadas. Se había convertido. Era salvo. La vida antigua ya se había acabado. De hecho, Bob citaba los versículos de las Sagradas Escrituras al pastor para validar su vida nuevamente encontrada en Jesucristo. «De modo que si alguno está en Cristo, nueva criatura es; las cosas viejas pasaron; ¡he aquí todas son hechas nuevas!» (2 Corintios 5.17)

El casar a esta pareja fue una decisión que George lamentaría algún día. Le parecía que habría fracaso por todos lados. En las palabras del pastor: «Un divorcio es un fracaso, pero no es necesariamente la persona que ha fracasado, sino la relación. Y tal vez la persona que realmente fracasó…fue la persona que los casó». El ministro sentía gran responsabilidad por haber casado a Bob y Carol. Pero la avalancha de palabras religiosas de Bob había engañado a todo el mundo. Le parecía que no había ninguna manera de evaluar su afirmación de haberse arrepentido y de tener una nueva vida en Jesucristo.

La historia muestra el dilema increíble de muchas víctimas cristianas y de sus pastores cuando encuentran las técnicas persuasivas (algunos dirían manipuladoras) de un abusador religioso. Más tarde, el pastor George tendría que responder a los abogados que le preguntaban por qué había asentido a casar a Carol y Bob. Él tendría que presentarse ante la corte y admitir lo que sucedió con Carol a causa de la ira de Bob. Este ministro bautista sería llamado a testificar a favor de su divorcio, aunque él había oficiado su matrimonio.

No fue una sorpresa cuando el reverendo McCullough tuvo vergüenza y un sentido de fracaso personal en su rol de consejero pastoral mientras respondía al abogado en la sala de justicia. Pero no vaciló en su deseo de apoyar a Carol. Él estaba decidido a testificar acerca de la severidad del abuso que ella había sufrido. Quería que Carol encontrara refugio y libertad antes de que fuera demasiado tarde.

George tenía que prestar atención cuidadosa a las indirectas, los comentarios y la conducta de Carol y Bob sobre un período de tiempo extendido. George concluía que el remordimiento temporal de un abusador después de un incidente violento no era suficiente para indicar un compromiso para cambiar. Bob fingía el arrepentimiento pero su comportamiento abusivo continuaba. En términos espirituales, no había señales exteriores del arrepentimiento bíblico.

¿EN QUÉ CONSISTE EL ARREPENTIMIENTO?

El arrepentimiento involucra

* una contabilidad completa del daño que fue hecho
* reconocer que la conducta no era aceptable
* reconocer el sufrimiento que la conducta de uno ha ocasionado
* nombrar la mala conducta y reconocer su responsabilidad por ella
* un sentido de humillación cuando recuerda el daño que hizo
* lamentar la pérdida de la relación que su comportamiento ha causado
* lamentar la pérdida de confianza que resultó de la conducta
* deplorar el costo personal de la conducta de uno
* lamentar las consecuencias para las demás personas
* reconocer su falta de recursos interiores para reparar las ofensas
* admitir su relación arruinada con Dios, y tal vez con la iglesia
* decidir que el futuro será distinto del pasado
* decidir que el futuro involucrará nuevos planes y maneras de comportarse
* anhelar una conexión renovada con Dios, nacida de las ruinas del fracaso personal
* un plan de acción para cambiar
* pedirles ayuda a otras personas para llevar a cabo su plan de acción
* formar estrategias para rendirle cuentas a otro
* cumplir con los planes y estrategias para cambiar
* cambiar su conducta

El arrepentimiento es una palabra bíblica que significa el pesar profundo de una persona que ha lastimado a otra persona. Se trata de las perturbaciones emocionales y una resolución explícita de no volver a comportarse de la misma forma. La historia que contó Jesucristo del publicano y el fariseo, escrito en Lucas 18.10-14, describe al individuo arrepentido como uno que no quería ni alzar los ojos al cielo y que hablaba con palabras sinceras. En el caso de Zaqueo, su corazón arrepentido lo indujo inmediatamente a la conducta cambiada: él les devolvió cuatro veces lo que les había robado.

El arrepentimiento *no es*
- medido por la cantidad de emoción que el abusador muestra, la cantidad de lágrimas que derrama
- medido por la extravagancia de los regalos del abusador
- medido por la elocuencia de las palabras que utiliza para decir «Lo siento»
- según la agenda de alguien más que el abusador
- un proceso que se pueda exigir
- un acto que las reglas de la iglesia puedan requerir
- una manipulación de la comunidad cristiana para fingir que todo estará bien ahora
- una vuelta a la vida diaria normal, como si nada hubiera pasado

No es fácil saber cuándo el verdadero arrepentimiento ha ocurrido. Pero hay indicaciones. El remordimiento sincero produce fruto. Habrá evidencia del comportamiento cambiado. Sin embargo, el cambio se lleva a cabo lentamente. Viene como resultado de mucho esfuerzo y consejos que dan apoyo. La justicia y el rendir cuentas son ingredientes centrales del camino del abusador hacia el verdadero cambio. Ellos necesitan tiempo, y normalmente el proceso requiere muchos pasos.

Para quebrar el ciclo de violencia, debe haber servicios eficaces disponibles para ayudar a los hombres en el camino hacia el rendimiento de cuentas, la justicia, la sanidad y la integridad. Muchas veces hay supervisión continua para proteger a la mujer y para asegurar el rendimiento de cuentas del hombre. Para muchos hombres, la participación en un grupo de abusadores es una modalidad importante para realizar el cambio.

EL PAPEL DE LOS PROGRAMAS DE INTERVENCIÓN PARA LOS ABUSADORES

«¡No soy violento!» A veces, estas palabras son las primeras que salen de la boca de un abusador mientras él comienza un programa para los abusadores masculinos. Él dice esto a pesar de los reportes de la policía sobre el uso de la fuerza contra alguien, de las visitas a la sala de emergencia de su víctima, del miedo de sus hijos, y de su expediente criminal de asalto.

«¡Ya no soy violento!» Estas son las palabras que los líderes de los grupos anhelan oír. Con el apoyo de un consejero entrenado y un ambiente que apoya el cambio de conducta, algunos abusadores llegan al punto de aceptar su responsabilidad por la violencia que habían perpetrado en el pasado. Ellos muestran un remordimiento por sus acciones y tienen empatía por sus víctimas. Como resultado, ellos cambian dos cosas: sus actitudes y su conducta. En estos casos, su participación en el programa ha sido exitoso: se ha logrado el cambio.

Predecir *cuándo* y *si* la violencia va a terminar en la vida de un abusador es sumamente difícil. Muchas víctimas femeninas persisten en aferrarse a las promesas y la esperanza de cambio en hombres violentos a quienes aman. Muchas de ellas se quedan amargamente desilusionadas.

¿Qué es un programa para abusadores masculinos? Los programas para hombres abusadores han empezado a aparecer a través de Norteamérica debido a la preocupación creciente por la seguridad y la protección de la víctima. En cierto grado, estos programas son alternativos a la encarcelación, y hoy en día muchos jueces mandan la asistencia de tales grupos como parte de la sentencia de un abusador. Los programas de intervención también ofrecen esperanza para las mujeres que son víctimas y que no quieren terminar la relación con su marido abusivo, pero quieren desesperadamente que la violencia termine.

Entonces, la eficacia de los programas para abusadores es de mucho interés para un grupo extenso de personas e instituciones—el sistema judicial, los psicólogos y los trabajadores sociales, y especialmente las mujeres, como usted, que han sido víctimas.

¿Es probable que mi abusador concluya un programa si lo comienza? La proporción de personas que cumplen el programa es muy variada a través de los Estados Unidos y Canadá. La probabilidad de quedarse o retirarse del programa sin concluirlo está relacionada con ciertos factores como edad, estado de matrimonio, empleo, motivación de asistir al programa y cumplirlo, y frecuencia y severidad de las acciones abusivas. En un proyecto de un programa cristiano para hombres que abusan, hemos aprendido que cuando el pastor manda a un abusador al programa o cuando la esposa requiere que él asista al programa, es más probable que el hombre cumpla el programa de intervención que si su participación es asignada por un juez.[2]

Nunca desestime cuán importante es insistir en que su pareja busque ayuda. Y si usted puede pedirle a su pastor que haga lo mismo, es mucho mejor.

¿Los programas de intervención para abusadores son eficaces? Los programas de intervención para abusadores tienen dos objetivos: (1) la seguridad de la víctima y (2) la rehabilitación del abusador, particularmente el cese de violencia. Es sumamente importante saber si estos programas son eficaces o no. ¿Por qué? Primero, las cortes están mandando a los abusadores a programas de intervención con más frecuencia; lo que implica, por lo menos indirectamente, que tienen confianza en la eficacia de ellos.[3] Segundo, y más importante, estos programas le ofrecen esperanza a las mujeres como usted de que la conducta violenta de su pareja pueda cambiar.[4]

El evaluar si un programa para abusadores es eficaz o no es complicado.[5] El factor crítico, el modelo de más pertinencia para evaluar la eficacia de cualquier programa, es la seguridad de la víctima. Pero no es fácil ni directo obtener los reportes de las víctimas. El éxito de un programa también depende, en parte, de la situación del abusador: ¿Ha exigido la corte su participación en el programa? ¿Ha tenido él que rendir cuentas por su conducta anterior? ¿Ha hecho algo violento desde su entrada en el programa? ¿Ha cambiado su comportamiento? ¿Han cambiado sus actitudes hacia las mujeres o la violencia? Un tercer factor tiene que ver con otros problemas serios, como la falta de empleo, el abuso de sustancias, y los desórdenes mentales en la vida de un hombre que ha abusado a su esposa.

Todos estos elementos dificultan la evaluación de si un programa de tratamiento es efectivo o no, y cuál es su tasa de éxito en cambiar la conducta violenta. Obviamente, estos programas se enfocan en el rendimiento de cuentas de los hombres, el uno al otro, y a los líderes de los grupos. Sin embargo, estos programas no tienen la capacidad legal o los recursos de *insistir* en que un individuo rinda cuentas. Solamente es uno de los recursos variables necesarios para terminar la violencia doméstica.

Un libro publicado hace unas décadas, *Behind Closed Doors (Detrás de puertas cerradas)*, presentaba el argumento de que mientras más bajos sean los recursos económicos y el prestigio social del marido en comparación con su esposa, más grande será su tendencia de usar el poder físico para ganar o mantener una posición dominante en la familia.[6] Desde entonces, otros investigadores han descubierto que para los hombres, las experiencias negativas en el trabajo están conectados con los actos abusivos contra su esposa o su novia. Contrariamente a la sabiduría convencional, el consumo excesivo de alcohol en sí no se ha demostrado que sea el culpable principal. Los hombres que abusan a sus esposas mientras toman alcohol excesivamente también las abusan cuando ellos están sobrios. Sin embargo, muchos hombres abusivos culpan al alcohol por su violencia. Algunos investigadores proponen la idea de que los abusadores se emborrachan a propósito para darse el permiso de llevar a cabo un acto violento premeditado.

En este capítulo enfatizamos algunos de los recursos espirituales que pueden ayudar al hombre a un proceso de cambio. Semejante cambio es sumamente difícil, y los programas de intervención para los abusadores, el entrenamiento en auto-control de la ira, y la psicoterapia individual, todos son importantes. Los recursos espirituales no pueden ser sustitutos de la justicia, y no estamos sugiriendo que las curas instantáneas son posibles. Pero para las familias cristianas, hay recursos bíblicos que pueden ayudarlas en combinación con la terapia y los programas de la comunidad. Las historias de las Sagradas Escrituras son provechosas para dar esperanza a los cristianos.

José, después de estar traumado por la violencia de sus hermanos, llegó a ser un instrumento de recuperación mientras los llamaba a dar cuentas. La justicia y la responsabilidad son centrales al llamado bíblico de cambiar. El remordimiento y los intentos de restauración no borran el daño que ha resultado. Pablo no podía resucitar a las personas que había matado; pero de todos modos siempre recogía regalos para llevar como ofrendas de paz a los fieles en Jerusalén que antes había aterrorizado y perseguido (vea 1 Timoteo 1.12-14).

Es importante recordar que muchos abusadores han sido abusados también. A menudo, de niños eran testigos de la violencia en su casa. Aunque como adultos ellos pueden *poner excusas* o *justificar* su conducta violenta[7]—lo cual es imperdonable e injustificable—los hombres que abusan han sido lastimados muchas veces. Puede que los actos malos contra ellos en el pasado nunca hayan sido identificados o sanados, resultando en que estos hombres llevan cicatrices y vulnerabilidades de su niñez y su juventud.

Si las cortes en este país pueden mandar tratamiento para el abusador, ¿por qué no pueden mandarlo las esposas? De hecho, hemos oído la frase «tratamiento mandado por la esposa» que significa la insistencia, de parte de la mujer abusada, de que su marido abusivo pida ayuda; y si no lo hace, ella dejará la casa y el matrimonio. Ella lo responsabiliza por su conducta. Pero si él está listo para pedir ayuda o no, depende de él.

Usted no puede aceptar la responsabilidad por lo que decide su esposo. Pero *sí* debe aceptar responsabilidad por su seguridad y la de sus hijos.

¿CUÁL ES EL PATRÓN DE DIOS PARA LA CONDUCTA DE UN ESPOSO?

En ambos Testamentos, el Nuevo y el Antiguo, encontramos ilustraciones útiles. Isaías 54 describe a Dios como el esposo de Israel, la cual no se ha portado como una esposa perfecta. Sin embargo, aquí tiene el comportamiento que Dios le promete y seguramente es un patrón para los esposos.

La *Word in Life Study Bible* (La Biblia para Estudiar la Palabra de Vida) analiza el pasaje y describe el siguiente retrato de un esposo devoto. Él es uno que

- ayuda a su esposa a realizarse en la vida (54.1-3)
- quiere calmar los temores de su esposa (54.4, 14-15)
- edifica la reputación de ella (54.4)
- muestra el carácter devoto hacia su pareja (54.4)
- no permite que el conflicto prolongado o el enojo persistente lo tenga separado de su esposa (54.6-8)
- reemplaza la ira con la gentileza (54.9-10)
- la consuela en medio del estrés (54.11-12)
- instruye a sus hijos en asuntos espirituales (54.13)
- protege a su esposa de peligros y amenazas (54.16-17)

Isaías 62.1-5 nos ofrece otra idea de cómo el novio trata a su novia.

- La protege y purifica.
- La honra y valora.
- Se identifica con ella, indicado en los nombres nuevos que él le da.[8]

El Nuevo Testamento habla de Jesucristo como el novio que dio su vida por su novia, la iglesia, para que ella llegara a su cumplimiento, «santa y sin mancha» (Efesios 5.27). Un esposo debe amar el cuerpo y la mente de ella como se ama a sí mismo (Efesios 5.28-29) y tener cuidado de que nada la dañe.

¿CUÁL ES EL PATRÓN BÍBLICO PARA UNA ESPOSA DEVOTA?

Ella se caracteriza por su fuerza y honor, por su capacidad de tomar buenas decisiones, y por el cuidado cariñoso de su familia. Ella es completamente madura, capaz de contribuir a las necesidades económicas de la familia y de actuar independientemente. No sólo comprende su propio valor, sino también la comunidad la respeta; y su esposo y sus hijos la aman (vea Proverbios 31.10-31). San Pablo dice: «[Que su adorno sea] el del corazón, en el incorruptible ornato de un espíritu afable y apacible, que es de grande estima delante de Dios» (1 Pedro 3.4).

¿POR QUÉ LOS LÍDERES DE MI IGLESIA NO NOS ENSEÑAN ESTAS COSAS?

Posiblemente ellos estén siguiendo lo que han oído de otros, o entiendan mal o distorsionen lo que las Sagradas Escrituras dicen sobre el matrimonio (vea 2 Pedro 3.16). Su llamado es el de seguir las palabras de la Biblia en vez de seguir a los que están equivocados.

> *[¿Por qué no me hacen caso ni me ayudan?]*
> *¿Quién se levantará por mí contra los malignos?*
> *¿Quién estará por mí contra los que hacen iniquidad?*
> *(Salmo 94.16)*

> *Me volví y vi todas las violencias que se hacen debajo del sol. Y he aquí las lágrimas de los oprimidos sin tener quien los consuele Y la fuerza estaba en la mano de sus opresores y para ellos no había consolador. (Eclesiastés 4.1)*

> *Lo vio JEHOVÁ, y desagradó a sus ojos, porque pereció el derecho. Y vio que no había hombre, y se maravilló que no hubiera quien se interpusiese. (Isaías 59.15-16).*

UN CAMINO CAUTELOSO AL PERDÓN Y A LA RECONCILIACIÓN

La iglesia primitiva de Jerusalén había sido devastada por Saulo de Tarso. Las Sagradas Escrituras nos dicen que él era cabecilla de una gran persecución. Yendo casa por casa con una rabia violenta contra la iglesia, arrastraba a los hombres y a las mujeres y los echaba en la cárcel.

Era un perpetrador terrible, motivado por el fanatismo religioso y la furia personal: «respirando aun amenazas y muerte».

Pero en camino a hacer más violencia contra la iglesia, Jesucristo lo encontró y lo transformó. Ahora Pablo era siervo de Cristo, ¿pero cómo iba a reconciliarse con la iglesia, y cómo sería posible que los creyentes lo perdonaran? Cuando hizo su primera visita a Jerusalén después de su conversión, los apóstoles le tenían miedo y sospechaban de él. «Trataba de juntarse con los discípulos; pero todos le tenían miedo, no creyendo que fuese discípulo» (Hechos 9.26). ¿Cómo podían estar seguros de que su arrepentimiento y transformación eran verdaderos? Si lo aceptaban, ¿pondrían la casa de Dios en peligro? También tenían que enfrentar su ira contra el que había descargado tanto daño entre ellos.

Bernabé, cuyo nombre significaba «Hijo de consolación», pudo superar su rencor y dar a Pablo una oportunidad de mostrar su corazón nuevo. Muy privadamente, Bernabé lo acompañó a una entrevista con Santiago y Pedro (Hechos 9.27; Gálatas 1.18-19). Pedro, aunque él mismo había sido víctima de persecución, estaba dispuesto a recibir a Pablo en su casa. Sin duda era un riesgo, porque anteriormente este fanático había entrado en numerosos hogares cristianos para arrastrar a los residentes a su muerte. Pero a Pablo no se le permitió ver a los otros apóstoles. De hecho, pasaron muchos años hasta que la iglesia de Judea lo vio personalmente (Gálatas 1.22-24), aunque estaban informados de que «aquel que en otro tiempo nos perseguía, ahora predica la fe».

Poco a poco, Pablo podía mostrarles la realidad de su arrepentimiento. Confesó sus crímenes y aceptó la culpa de ellos (Hechos 22.4; 26.9-11; 1 Corintios 15.9). Más que una vez, él traía fondos para auxiliar a las víctimas de la sequía a Jerusalén (Hechos 11.3; 12.25; 24.17; Romanos 15.25-28, 31; 1 Corintios 16.1-4, 15; 2 Corintios 8.1-4; Gálatas 2.10). Allí entró en un diálogo con los judíos griegos y discutía las proclamaciones de Jesucristo hasta que su vida corrió peligro (Hechos 9.29-30). Cuando los cristianos vieron su buena disposición a arriesgarse, programaron su huida.

Algunas cosas que dicen los abusadores que preocupan a sus víctimas...

(Tal vez usted haya oído varias de ellas al pasar los años. Posiblemente pueda añadir otras a la lista.)

Dios todavía está cambiándome. No seas impaciente.

Todo el mundo merece otra oportunidad.

¡Tú me lastimaste a mí también!

Se agradecida de que yo ya no sea tan severo como antes.

¡Olvídalo!

Deja de pensar en el pasado.

No te lastimé adrede.

No me hiciste caso. De otra manera, no te hubiera pegado.

Deja de llorar. No te pegué tan duro.

Te dije que lo sentía. ¿Qué más quieres?

¿Dónde está la muchacha simpática y feliz con quien me casé?

Llegó un tiempo en el que llamaron a Pablo para explicar su ministerio ante el Concilio de Jerusalén, y oyeron su maravilloso acontecimiento con alegría (Hechos 15.12; vea también Hechos 21.17-19). Afirmaron su llamado a llevar el evangelio a los gentiles, pero le pidieron que siempre se mantuviera fiel en hacer todo lo posible para aliviar el sufrimiento que él mismo había ocasionado en Jerusalén (Gálatas 2.10). Él no podía resucitar a los que había matado, ni restaurar la propiedad que había incautado, pero hacía todo lo que podía para reparar el mal que había causado.

Al fin y al cabo, le abrieron sus casas y le daban la bienvenida donde antes lo rechazaban. Los santos que tenían reservas con él por buenas razones, ahora le abrieron sus corazones. Pablo había probado su arrepentimiento y ahora los fieles lo recibían calurosamente como uno de ellos. Era un proceso largo pero glorioso que no se podía ni forzar ni frustrar.

Declaraciones de los abusadores que les ofrecen esperanza a las víctimas...

No quiero lastimarte más.

Siento haberte causado tanto dolor.

Obviamente, yo fui más allá del límite.

Cuando estés lista, me gustaría hablar contigo otra vez.

Quiero amarte sin tratar de controlarte.

Nunca debí haberte amenazado hacerte daño.

Comprendo por qué me tenías miedo.

Me he arrepentido de mi conducta abusiva. Ahora quiero cambiar mi modo de actuar.

Quiero que nosotros tomemos decisiones conjuntamente de aquí en adelante.

Quizás necesites más tiempo antes de que me ponga en contacto contigo de nuevo.

Aunque me es muy difícil ir cada semana, estoy comprometido con cumplir el programa de tratamiento.

El alma de una mujer abusada necesita ser alimentada. Esta alimentación es mucho más importante que los regalos de flores o diamantes. Hay unas cosas básicas que usted necesita si tiene intenciones de seguir adelante en su relación con un hombre que la abusaba antes. Tiene que sentirse más fuerte, con la seguridad de dar sus propias opiniones, capaz de vivir sin temor o con la amenaza de violencia. Tiene que ser valorada como es, respetada por sus habilidades y talentos. Necesita poder aprovechar las oportunidades que se le presentan (aun del abusador) sin sentir ninguna obligación de reconciliarse. Como nos enseña la historia de José y sus hermanos, lleva mucho tiempo el mostrar la buena voluntad. La asistencia pastoral y una comunidad de fe pueden ayudarla en este proceso. Pero la última decisión de reconciliación es sólo suya.

El Espíritu Santo le va a dar poder. Como Rizpa, usted puede pelear por lo que es correcto. Como Abigail, puede tomar acción pronta y decisiva cuando sea necesario. Como Ester, puede ganar autoridad en su propia lucha, así dándole poder a las demás mujeres también. Finalmente, puede llamar a su pareja abusiva a actuar responsablemente. Puede insistir en que él pida ayuda. Pero no es su responsabilidad la de asegurarse de que lo haga. Si él no quiere pedir auxilio o cambiar su conducta abusiva, de todos modos debe protegerse a sí misma y a los hijos bajo su cuidado. ¿Tiene que continuar viviendo en temor? No. «Dios no nos ha dado el espíritu de cobardía, sino de poder y amor y de juicio equilibrado» (2 Timoteo 1.7, nuestra traducción).

PARA LA REFLEXIÓN ESPIRITUAL

¿El hombre debe de ser el patrón de la familia? El único lugar donde la Biblia dice que «todo hombre afirmase su autoridad en su casa» está en el libro de Ester (Ester 1.22). Esta oración era el decreto de un rey pagano e irresponsable, Asuero, que tomó varias decisiones muy malas.

La historia comienza cuando Asuero patrocina un banquete enorme con mucha bebida, en medio del cual él demanda que la reina muestre su belleza, llevando nada más que la corona real, ante la muchedumbre borracha. Seguramente esto es un caso del abuso de la esposa. En esa cultura, la vergüenza y el honor eran de importancia crítica en cualquier evaluación de las mujeres. El rey está tratando de exponer a su esposa a una humillación pública, una que la privará permanentemente de su honor tanto en los ojos de ella misma como en los de los súbditos del rey. Seguramente no hay ninguna preocupación por sus sentimientos ni por su dignidad personal.

Vasti, la reina, mantiene su dignidad con su negativa de violar su modestia y amor propio. Simplemente no va a exhibir su cuerpo ante los gobernadores más influyentes del imperio; ella no sacrificará su honor y el de su familia. La elección le cuesta mucho, ya que ella pierde su posición como reina.

El rey está furioso cuando su demanda es negada. Llama a una consulta con sus oficiales, y uno de ellos, Memucán, se queja de que la negativa de Vasti de obedecer al rey haya creado un problema para el reino entero. Algunos de los ciudadanos influyentes se sienten severamente amenazados.

> Este hecho de la reina llegará a oídos de todas las mujeres, y ellas tendrán en poca estima a sus maridos, diciendo: «El rey Asuero mandó traer delante de sí a la reina Vasti, y ella no vino». Y entonces dirán esto las señoras de Persia y Media que oigan el hecho de la reina, a todos los príncipes del rey; ¡y habrá mucho menosprecio y enojo! (Ester 1.17-18)

Entonces el rey Asuero comienza una búsqueda de una esposa nueva y crea legislación especial y de mucho alcance: «[El rey] envió cartas a todas las provincias del rey, a cada provincia conforme a su escritura, y a cada pueblo conforme a su lenguaje, diciendo que todo hombre afirmase su autoridad en su casa» (Ester 1.22).

Aquí hay un mandato que alienta el abuso de las esposas, y *sólo ocurre aquí* en la Biblia, pero no como un mando de Dios sino como mandato de un rey pagano. El texto nos dice que el propósito de este decreto era sojuzgar a cada mujer del reino (Ester 1.20) y la ley de Media y Persia no se podía cambiar. Así que las mujeres ya son vulnerables a cualquier escándalo que sus esposos puedan inventar.

Estas son las condiciones del imperio persa cuando Ester, una joven mujer hebrea, entra en el palacio y al final es coronada como reina. Su posición no es una para envidiar, ya que su esposo es cruel y caprichoso. A cambio de un soborno grande de su primer ministro, él acepta firmar una orden que todos los judíos en el imperio serán matados. Asuero está poco interesado en las víctimas; aparentemente ni siquiera se da cuenta de su identidad ni del valor del liderazgo que su nación ha provisto en el imperio.

Entonces Ester comprende que tiene que pedirle que salve a su pueblo, aun al riesgo de su vida. Hay dos temas entretejidos por toda la historia. Uno es la amenaza a la supervivencia de toda la población hebrea; el otro es la amenaza a la alegría y el bienestar de las mujeres.

Usando su ingenio, su belleza y las oraciones de la comunidad de fe, Ester concibe un plan para minimizar el efecto de ambos decretos del rey. Puesto que los decretos han llegado a ser la ley, no se puede cambiarlos, pero sus efectos pueden ser disminuidos bastante.

Es una historia larga y animada con muchos altibajos. Aunque el nombre de Dios nunca se menciona abiertamente en este libro bíblico, ese nombre sí aparece cuatro veces como un acróstico en unos puntos críticos.[9] Katharine Bushnell hacía unas traducciones que permiten que el lector de habla inglesa vea cómo el nombre del Señor está escondido en oraciones clave. Ella mantiene que de esta manera, podemos ver a Dios actuando entre los bastidores aun cuando los gentiles incrédulos del imperio persa no se dan cuenta de ello.[10]

Después de un período de ayuno y oración, Ester entra en la presencia del rey sin invitación. Para hacer esto, ella tiene que romper varias leyes del imperio. A nadie se le permitió acercarse al rey sin que él lo llamara. Para Ester, el acercarse al trono sin invitación era un acto de desobediencia civil, y también de desobediencia matrimonial. Esto no detiene a la reina valerosa que tiene que rogar en nombre de su pueblo.

Ella es bastante astuta para no revelar su preocupación al principio; en vez de eso, ella despierta la curiosidad del rey con una invitación a dos banquetes consecutivos. El tono del rey empieza a cambiar. No exige que ella diga su deseo; más bien, le ruega que le diga lo que ella quiere. El esposo, antes cruel, ahora está intrigado por lo que pueda estar en la mente de su esposa.

Entonces ella presenta su petición desesperada, suplicándole por las vidas de su pueblo. Ella le dice que el rey mismo perderá mucho si es privado de las habilidades y la ciudadanía responsable de los judíos. Cuando Asuero se da cuenta de que había sido engañado para promulgar una ley bastante terrible, sale del salón, pisando fuerte en una furia.

La ejecución de su primer ministro, Amán, sigue con rapidez, pero todavía no ha hecho nada para prevenir la destrucción de los hebreos. La ley sigue en pie.

Otra vez Ester tiene que arriesgar su vida para presentarse ante el rey. Otra vez tiene que suplicarle que revoque el decreto que él había dictado insensatamente. Asuero simplemente cede la responsabilidad a Ester y a su tío Mardoqueo. Les toca a ellos el trabajo de averiguar cómo reducir el daño. «Escribid, pues, vosotros a los judíos como bien os pareciere, en nombre del rey, y selladlo con el anillo del rey; porque un edicto que se escribe en nombre del rey, y se sella con el anillo del rey, no puede ser revocado» (Ester 8.8).

La mujer que antes no tenía poder ahora tiene la jurisdicción de ponerle fin al mal que había sido planeado, y hacerlo en el nombre del rey. Llama a los escribanos del rey y los edictos reales son enviados, anunciando que los judíos que viven en el imperio pueden armarse para defenderse si alguien los ataca. No sólo hay regocijo entre los judíos, sino que también muchos individuos se convierten al judaísmo (Ester 8.17). La fe de Ester ha llevado a otros a una fe en el Dios verdadero y vivo.

En el día fijado, los judíos se reúnen para defenderse y hay una gran matanza de los que intentaron arruinarlos. Asuero le hace un reporte del progreso a su esposa y le pregunta: «¿Cuál, pues, es tu petición? Y te será concedida. ¿O qué más es tu demanda? Y será hecha» (Ester 9.12). No siendo indiferente a las peticiones de su esposa, él la busca para saber que más puede hacer para ser útil. Esta vez es él, el que inicia el acercamiento. Su matrimonio sigue incorporando unas dimensiones completamente nuevas, haciéndose algo mutuo. ¡El tirano está descubriendo muchas cosas importantes!

Ester, con sus propios recursos de información, pide permiso para continuar la defensa de los judíos un día más en la ciudad capital. Se le concede el permiso, y la liberación de los judíos por todo el imperio se asegura. Ahora Ester les manda una directiva escrita «con plena autoridad» (9.29) que estos dos días sean conmemorados cada año. «El mandamiento de Ester confirmó estas celebraciones acerca de Purim, y esto fue registrado en un libro» (9.32).

Ester no sólo ha ganado la autoridad por su propio derecho, sino también les ha proporcionado el poder a todas las mujeres del reino. Ha hablado con su propia voz, y el rey la ha oído. Él ha aprendido de la sabiduría y el valor de una mujer y esa realidad no puede esconderse ni

de los hombres ni de las mujeres. El decreto que devaluaba a las mujeres ha sido remplazado con una afirmación del heroísmo y la fe de una
mujer cuya fama vive hasta hoy, mucho tiempo después de la caída del
imperio y sus leyes. Ella resistía la injusticia y la violencia de su época
y su mensaje inequívoco sigue hablándonos hoy en día.

Hay muy pocas novias que han tenido un fin tan desagradable en su
noche de boda como Lea. Al amanecer, su esposo Jacob se dio cuenta
de que no estaba acostado al lado de Raquel, la bella mujer para quien
había trabajado tantos años. En lugar de ésta, estaba mirando a su hermana mayor, Lea.

Él había llegado al hogar de su familia hacía siete años, huyendo de
la ira de su hermano mayor a quien estafó de su derecho de primogeni-
nitura y la bendición de su padre. Al correr el peligro de perder su vida,
su madre lo envió a buscar refugio con el hermano de ella, Labán. El
fugitivo había visto a Raquel por primera vez en el pozo de la aldea
cuando llegó en busca del hogar de su padre, y felizmente ella le había
dado la bienvenida a su primo nuevamente conocido.

Durante siete años largos, Jacob trabajó como el pastor de su tío
para ganar la dote de Raquel, «y le parecieron como pocos días, porque la amaba» (Génesis 29.20). Por siete años la anhelaba, esperando
poseer a su amada. Ahora, en vez de la consumación de su deseo,
Jacob el engañador había sido estafado por su propio tío. La mujer
equivocada estaba en su cama. La verdad era que a Lea se la usaba
como juguete. El padre había encajado a su hija a un esposo sumamente desagradable.

Jacob se llenó de ira al enfrentarse con Labán, quien observó que
era necesario que la hermana mayor se casara primero. Pero si Jacob
cumplía con su deber como esposo de Lea por solamente una semana,
podría casarse con la hermana menor. A cambio, tendría que trabajar
siete años más.

Así pasó la semana, pero a regañadientes. Lea era una esposa no amada que tenía poco poder. Los dos, ella y Jacob, habían sido traicionados por Labán, dejándola sin sentido de autoestima alguno, más como una posesión que una persona.

Jacob derramaba el ardor de su alma en su unión con Raquel. Tal vez la cosa más positiva que se pueda decir sobre él es que toda su vida tuvo una devoción inquebrantable por la mujer que adoraba. Sin embargo, el deleite que tenía con ella subrayaba su rencor hacia la otra esposa que tenía que aceptar a fuerzas.

Aunque sus circunstancias eran trágicas, pronto Lea conoció la satisfacción de una vida moviéndose adentro. Ella había concebido, mientras Raquel no podía, y Lea quería ganar el amor de su esposo al darle un hijo. La Biblia dice: «Y vio JEHOVÁ que Lea era menospreciada, y le dio hijos» (Génesis 29.31). Dios cuidaba de Lea, haciéndola fértil. Su hijo era un varón que se llamaba Rubén, que significaba «ha mirado JEHOVÁ mi aflicción». Pero no podía ganar el amor de Jacob, aun con el don de su primer hijo.

La vida de oración de Lea se hacía más profunda, y su segundo hijo se llamaba Simeón: «JEHOVÁ oye». Ella dijo: «Por cuanto oyó JEHOVÁ que yo era menospreciada, me ha dado también éste» (Génesis 29.33). Se volvía cada vez más a Dios. Aunque sus circunstancias eran amargas, su confianza en el cuidado cariñoso de Dios era fuerte.

Cuando nació su tercer hijo, declaró con una esperanza patética: «Ahora esta vez se unirá mi marido conmigo, porque le he dado a luz tres hijos» (29.34). Y le dio el nombre de Leví: «unido». Su esperanza era en vano, pero su relación con Dios crecía. Al próximo hijo le puso por nombre Judá: «alabanza», porque ella dijo: «Esta vez alabaré a JEHOVÁ». En medio de una tragedia personal dolorosa, ella todavía podía alabar a Dios.

Pero su hermana Raquel se amargaba cada vez más porque no tenía hijos, hasta que desesperada, le presentó a Jacob a su sierva como concubina. Según las leyes de esa sociedad, cualquier hijo concebido sería contado como el hijo o la hija de la señora. Esto resultó en el nacimiento de dos hijos, Dan y Neptalí. Sus nombres expresan la furia que hacía estragos entre las dos hermanas. Cuando nació Dan: «Él reivindicó», Raquel anunciaba: «Me juzgó Dios, y también oyó mi voz, y me dio un hijo». El segundo nombre, Neptalí: «mi lucha», demuestra la mezquindad de su espíritu mientras anunciaba: «Con luchas de Dios he contendido con mi hermana, y he vencido» (Génesis 30.8).

No queriendo ser vencida, Lea también dio su sierva a Jacob como concubina y ganó crédito por dos hijos más: Gad: «buena fortuna» y Aser: «feliz». Ella había ganado la competición de concebir bebés, pero no la de ganar el amor de su esposo.

Puesto que Jacob no iba con ella por su propia voluntad, Lea tenía que negociar con su hermana por los servicios sexuales de él. Encontrándolo en el campo, Lea le dijo: «Llégate a mí, porque a la verdad te he alquilado por las mandrágoras de mi hijo». A pesar de las circunstancias humillantes: «Oyó Dios a Lea; y concibió, y dio a luz el quinto hijo a Jacob». Lo llamaba Isacar: «recompensa», porque «Dios me ha dado mi recompensa, por cuanto di mi sierva a mi marido». Otra vez reconoció la mano de Dios en su vida, y al nacer su sexto hijo, ella declaró: «Dios me ha dado una buena dote; ahora morará conmigo mi marido, porque le he dado a luz seis hijos». Nombraron al bebé Zabulón: «honor» (Génesis 30.20).

Lea es un prototipo de las mujeres cuyos esfuerzos más valientes les traen poca reacción. Durante los años, la rivalidad se ponía menos intensa porque finalmente Raquel tuvo un hijo. Sin embargo, la relación con Labán empeoraba hasta que Jacob decidió irse con su familia y su rebaño. Por primera vez desde Bet-el, nos dice que él escuchaba la voz de Dios (Génesis 31.3). Jacob mandó pedir a ambas esposas para explicar sus razones y para pedirles que hicieran los preparativos para irse. Por primera vez, leemos de su trato igual de ellas en vez de su favoritismo abierto (vea Génesis 31.4-16).

Las hermanas están de común acuerdo en insistir que ellas, igual que su esposo, han sido tratadas injustamente por su padre. Ellas aceptan escabullirse cuando Labán está lejos esquilando las ovejas.

El padre alcanza a los fugitivos e insiste que Jacob trate a las dos hermanas igualmente. «Atalaye JEHOVÁ entre tú y yo, cuando nos apartemos el uno del otro. Si afligieres a mis hijas, o si tomares otras mujeres además de mis hijas, nadie está con nosotros; mira, Dios es testigo entre nosotros dos» (Génesis 31.49-50).

Con cuánta frecuencia se usa la primera parte de esta bendición: «Mizpa», para cerrar las reuniones de jóvenes o los servicios de alabanza, pero originariamente fue dada para proteger a las dos esposas del abuso. Lea estaba comenzando a recibir el respecto como una persona completa, mereciendo la dignidad y el honor igual que su hermana menor.

Ahora Jacob tenía que enfrentar las circunstancias que resultaron del trato de su hermano Esaú, veinte años antes. ¿Todavía buscaría la venganza por lo que Jacob había hecho? Jacob mandó a sus esposas y a sus hijos a que cruzaran el arroyo de Jaboc mientras él se quedaba solo en el campamento. Misteriosamente, un extranjero apareció y entabló al preocupado Jacob en un combate de mano a mano. Toda la noche lucharon, sin que ninguno de ellos ganara el dominio. Aunque el extranjero infligió una herida al encaje de su muslo, los brazos de Jacob todavía agarraban a su adversario con firmeza. Se dio cuenta que el luchador era un ser espiritual, y su resistencia a los caminos de Dios estaba por terminar. «No te dejaré, si no me bendices» (Génesis 32.26).

Esa bendición cambió su nombre de Jacob el estafador a Israel, el príncipe o el que lucha con Dios. «Porque», añadió el extranjero: «has luchado con Dios y con los hombres y has vencido» (32.28). Ahora Jacob se dio cuenta de que su encuentro había sido con Dios y que, como Agar, su vida había sido salvada. Esto era el comienzo de su transformación.

Después, mientras la familia de Jacob se acercaba a Esaú, las concubinas y sus hijos caminaban en frente, en una posición más vulnerable; luego la familia de Lea, y finalmente, en el lugar más seguro, Raquel y José. En realidad, la reunión con Esaú les trajo reconciliación y una bienvenida para sus esposas y sus hijos.

En la tierra nueva, Raquel murió mientras dio a luz a Benjamín, y la enterraron en Belén (35.16-20). Aunque todavía lamentaba su muerte y favorecía a sus hijos, Israel el transformado ahora veía a Lea con ojos nuevos. El luchador con Dios estaba transformándose.

Ahora ella asumió la posición de primera esposa, porque cuando
José se jactaba de su sueño del sol, la luna y las estrellas inclinándose
hacia él, Jacob lo reprendió: «¿Acaso vendremos yo y tu madre y tus
hermanos a postrarnos en tierra ante ti?» (37.10) Obviamente la madre
era Lea porque Raquel ya estaba muerta. Jacob llegó a ser el protector
de la posición de honor de Lea en la familia. La esposa odiada ahora era
la esposa defendida.

A la muerte de Lea, la enterraron con los antepasados de su esposo, con el reconocimiento completo de ella como esposa principal del
padre de la tribu. Cuando Jacob llegó al final de su vida, no pidió que
lo enterraran al lado de Raquel, sino al lado de Lea (Génesis 49.31). La
esposa no amada había llegado a ser reconocida.

OCHO

¿Cómo aprendo a confiar en Dios otra vez?

CUANDO JESUCRISTO SANABA A ALGUIEN, era común que dijera: «Tu fe te ha salvado». A veces era la fe de un miembro de la familia o de un amigo que era esencial en el proceso de curar, pero con más frecuencia era la confianza de la misma persona enferma o incapacitada. La historia de la cura del ciego Bartimeo (Marcos 10.46-52) nos ofrece una mirada interesante a la relación entre la fe y la acción en la vida de una persona que pide un toque de Dios.

Bartimeo estaba sentado al costado del camino afuera de las puertas de la ciudad. Un ruido creciendo en la distancia le hizo saber que una multitud se le acercaba. Las multitudes eran buenas noticias para las personas que mendigaban porque el paso de mucha gente les traía la posibilidad de donaciones extras.

Pero ésta no era una multitud ordinaria; eran hombres y mujeres que seguían a Jesús, el rabino conocido por su enseñanza extraordinaria y por sus poderes como sanador. Bartimeo empezó a gritar: «¡Jesús, Hijo de David, ten misericordia de mí!» La gente lo reprendía.

«¡Cállate!» Su modo de hablarle era brusco: «Tú no le importas nada al rabino». Pero Bartimeo gritaba aun más fuerte, sin prestarle atención a su deseo de que él se quedara en silencio.

El rabino se detuvo, reaccionando a los gritos de uno que no podía ver. Luego, Jesús hizo una cosa curiosa: le pidió a la gente que llamara a Bartimeo que viniera. «Levántate, él te está llamando», dijo la multitud. Arrojando su capa, Bartimeo se acercaba al Único que podía cambiar su destino por su toque o por la palabra hablada.

Esta historia nos da mucha comprensión del vínculo entre la curación y la acción humana. Al principio, la gente trataba de silenciar al mendigo. Pero él era impulsado a volver a gritar por auxilio, a pesar de la falta de apoyo de los discípulos del rabino. Cuando Jesús lo llamaba, el mendigo ciego arrojaba su única posesión, la capa que le daba sombra durante el día, y calor durante la noche.[1]

La Biblia no esconde la realidad que los individuos y sus familias pasan por tiempos difíciles. De hecho, las Sagradas Escrituras están llenas de ejemplos de familias en crisis, pasando por abuso, y en angustia y desesperación. También es claro que una reacción espiritual a una crisis comienza con el reconocimiento de la necesidad de ayuda, como describimos en el capítulo uno. *¿Cómo puedo saber si necesito ayuda?* Usted sabe que necesita auxilio si está viviendo en temor, andando con cuidado y siendo profundamente dañada por alguien a quien ama. Cuando su salud física o mental no es asegurada en su hogar, es hora de pedir asistencia. La responsabilidad individual es central.

Una vez que esté decidida a buscar sanidad e integridad, tendrá que averiguar cuánto de su historia y a quién le va a contar. Como mencionamos en el capítulo dos, sólo usted controla el silencio de su sufrimiento. La elección de romper el silencio involucra la reflexión sobre cuánto dolor había sufrido, su recuerdo de las promesas quebrantadas de su pareja, una consideración de la cantidad de miedo que tiene, y el darse cuenta de que las vidas de sus hijos han sido afectadas también. Tenga valor. Hay esperanza para una vida libre del abuso.

En el capítulo tres, bosquejamos algunas de las necesidades espirituales que posiblemente tendrá en su camino hacia la sanidad. En el capítulo cuatro le señalamos la vía a los recursos comunitarios. Los capítulos cinco y seis hablan del comienzo de la jornada y de los pasos clave que va a necesitar para seguir adelante con su vida. Y en el capítulo siete revisamos unos recursos disponibles para ayudar a los hombres abusivos que quieran pedir auxilio. También hablamos del principio cristiano importante de perdón y el rol que tiene en la recuperación.

EL PODER DE LA FE

La participación de Dios en medio del sufrimiento humano está ilustrada gráficamente en muchos pasajes de ambos, el Antiguo y el Nuevo Testamento, tal vez más claramente en la experiencia de Jesús en el huerto de Getsemaní. Allí, justo antes de su traición por medio de un beso de saludo de Judas, Jesús oró a Dios, pidiéndole fuerzas. Los discípulos estaban dormidos a una corta distancia de él. Getsemaní le daba sombra del calor y un descanso de las multitudes. Era el sitio adonde Jesús iba a menudo para descansar. Judas sabía que Jesús sería más vulnerable en la seguridad y la privacidad del jardín.

Para nosotras, Getsemaní significa dolor y angustia, pero también nos ofrece esperanza, renovación y el poder de vencer. Nunca es fácil encontrar las fuerzas interiores para salir del huerto y comenzar el viaje hacia la sanidad. Recuperando del dolor, de la traición y de los sueños destrozados, usted puede transformarse de víctima en sobreviviente. La palabra *víctima* subraya el abuso que una mujer ha sufrido, pero el término *sobreviviente* enfatiza las habilidades y los recursos interiores que las mujeres desarrollan para seguir adelante. Por medio de nuestras investigaciones, hemos aprendido que las mujeres usan las dos palabras para referirse a sí mismas, demostrando no sólo sus experiencias pasadas sino también sus realidades presentes. El huerto de Getsemaní nos hace recordar que las fuerzas *espirituales* están disponibles para todos los que claman, aun cuando la comunidad de fieles alrededor de nosotras está bien dormida, inconsciente de nuestra necesidad de auxilio.

Meditar en las Sagradas Escrituras puede darle una estructura para comprender mejor su sufrimiento personal. Usted puede encontrar inspiración en la historia de la jornada larga de los israelitas desde la esclavitud a la liberación. O, tal vez, vaya a querer enfocarse en la vida de Jesús, con su traición, humillación, y angustia, seguida por la victoria. En las historias verdaderas como éstas, los fieles encuentran una gran fuente de fuerzas que los ayuda a vencer las aflicciones enormes. Aun en el sufrimiento profundo hay esperanza. Después de las tinieblas de muerte y esclavitud vienen las promesas de una nueva vida y de liberación. La transformación y la sanidad son temas centrales para el acontecimiento bíblico: con la presencia y el poder de Dios, es posible vencer. Nunca se debe ni negar ni disminuir las experiencias dolorosas del cuerpo y el espíritu, pero pueden ser transformadas y vencidas por el poder del amor curativo. Éste es el mensaje del evangelio.

¿Cómo es que la fe puede dar fuerzas a una mujer abusada? Las historias bíblicas y la fe en Dios ayudan a los fieles a moderar sus dolencias. Este es el mensaje que las mujeres cristianas que han sobrevivido el abuso nos han dado. Este también puede ser su testimonio. Al transcurrir los años hemos oído a muchas mujeres abusadas decir: «Mi fe me ha hecho fuerte».[2] La fe en Dios puede darle fuerzas cuando más las necesita.

¿Cómo es que nuestra fe nos da fuerzas cuando nos sentimos débiles interiormente? ¿Cuál es el proceso? Aquí tiene usted algunas de las lecciones que las mujeres abusadas (o los líderes espirituales que las ayudaban) han aprendido y compartido con Nancy y su equipo de investigadores.[3]

- La fe fortalece a una víctima cuando su iglesia o su comunidad de fe condena el abuso.

- El papel de la iglesia y del pastor es de ser el representante de Dios, y la violencia familiar de ninguna manera le agrada a Dios.

- La fe fortalece a ella cuando otro creyente comparte una historia personal del abuso.

- La fe aumenta cuando una persona comparte su dolencia con otra, y también comparte la esperanza que uno ha adquirido cuando reconoce que había alcanzado o conseguido cierto progreso... sólo oyendo la historia de alguien más... compartiendo el sufrimiento tanto como la esperanza a veces aligerará la carga.

- La fe fortalece a la víctima cuando otras personas en la comunidad de fe le ofrecen un oído misericordioso.

- Deje que ellas expresen sus sentimientos, no de su opinión, anímelas a pedir ayuda...

- La fe la fortalece a ella cuando los otros de la comunidad de fe le ofrecen el apoyo práctico.

- Pienso que hay un papel muy definido... pero no sólo en el escuchar... se puede ayudar con el cuidado de los niños y todas las necesidades prácticas como alimentos y alojamiento; creo que las mujeres tienen un papel muy importante que desempeñar.

- Ella queda fortalecida cuando su comunidad de fe se ocupa de las necesidades de sus hijos.

- Ella tiene que saber que hay opciones... También, para el bien de los niños, si la mujer está siendo abusada y no tiene ninguna fuente de apoyo, es posible que ella se desquite con sus hijos porque se siente... atrapada.

- La fe es una fuente de fuerzas cuando su comunidad de fe edifica los puentes con servicios necesarios.

- Las mujeres tienen un sistema maravilloso de redes.

- A veces la fe crece en la adversidad.

- Creo que Dios no quiere que estas cosas me sucedan, pero pienso que nos pasan de todos modos por una variedad de razones... pero creo que él las permite en el sentido de que... «bien, estás en esta situación, vamos a convertirla en una situación positiva, haciéndola una oportunidad para aprender algo y para crecer»... y así he reconciliado lo que ha sucedido en mi vida.

- La fe nos da herramientas que nos asisten en un tiempo de crisis.

- La comunidad secular tiende a pasar por alto el lado espiritual... el lado que reconoce la necesidad para recibir sanidad completa... el poder de la oración, un espíritu de reconciliación y de perdón... y el perdón en esa situación para que ella pueda seguir adelante con su vida, y no cargando con ese peso, con o sin el hombre.

- La oración es el lenguaje de la fe.

- Durante mi tiempo de oración en 1980, el Señor me mostró que tenía que tomar control de mi vida...

- La fe fortalece al sobreviviente del abuso cuando la comunidad de fe le ofrece la oportunidad de contar su historia de abuso.

- La primera vez que yo compartí mi testimonio en público... fue una cosa salubre... una mujer se siente avergonzada de haber sido abusada... pienso que las mujeres necesitan suficiente recuperación como para compartir su historia, de esa manera puedan ayudar a otras personas, pero lleva mucho tiempo, pues a mí me costó unos ocho o nueve años.

Como usted puede ver, es cierto que las mujeres tienen historias que contar sobre cómo su fe las fortalecía durante las crisis y las dolencias que sufrían. Dios les daba a algunas el valor de dejar una casa abusiva temporalmente, o para siempre. Otras conseguían las fuerzas para pedir ayuda. Para la mayoría de ellas, la fe le ofrecía un oasis en el desierto, una temporada de reflexionar en el diseño de Dios para una vida pacífica, un contraste obligatorio con el sufrimiento y el abuso. Muchas mujeres abusadas que son cristianas experimentaban un despertar espiritual; la inconsistencia entre el mensaje evangélico de paz y su propia vida de temor y tumulto las incitaba a la acción.

Usted también puede dar este paso. Usted también puede comenzar el camino hacia la sanidad y esperanza.

MANEJANDO SU IRA

Mientras usted sigue en su camino, puede haber períodos cuando se sienta enojada con Dios. En momentos así, usted estará llena de preguntas como, ¿Por qué yo? ¿Qué hice para merecer esto? ¿Por qué no me rescata Dios?

Recuerde que Dios no es el instigador de la violencia, abuso u opresión.

Porque tú no eres un Dios que se complace en la maldad;
el malo no habitará junto a ti.
Los insensatos no estarán delante de tus ojos;
aborreces a todos los que hacen iniquidad.
Destruirás a los que hablan mentira;
Al hombre sanguinario y engañador abominará JEHOVÁ.
(Salmo 5.4-6)

Dios no condona la violencia ni el abuso; la Biblia está llena de declaraciones que condenan toda clase de opresión. Pero los individuos tienen libre albedrío de sus propias acciones, y con demasiada frecuencia escogen mal, a dominar a otros seres humanos. Sin embargo, cuando Dios habla a Israel como su novia, le promete: «Si alguno conspirare contra ti, lo hará sin mí; el que contra ti conspirare, delante de ti caerá... Ninguna arma forjada contra ti prosperará» (Isaías 54.15, 17).

Su ira contra los de la iglesia cristiana que le hayan dado falsas promesas, puede estar justificada. Como hemos mencionado antes, las víctimas no siempre hallan auxilio en la comunidad de fe. Pueden ser avergonzadas, reprochadas, ignoradas o aconsejadas a regresar a una situación peligrosa. Es muy difícil ser rechazada en el tiempo de más urgencia.

Jesús contó una historia de dos líderes religiosos respetados que simplemente cruzaron al otro lado del camino cuando vieron a un hombre caído, golpeado y medio muerto. Pero él que rescató a la víctima era miembro de una comunidad distinta. Éste atendió a sus heridas y lo llevó a un lugar seguro. *Hay* personas devotas listas para hacer lo mismo. Hay individuos a quienes Dios les está hablando acerca de unas

necesidades como las suyas. Hay muchos hombres y mujeres comprometidos a ayudar a las víctimas iguales que usted.

El Señor es famoso por los actos de liberación de la gente bajo
opresión. La Biblia promete una «salida» (1 Corintios 10.13), y le reco-
mendamos a usted que crea esa promesa. Pero «una salida» todavía
requiere acción: hay que caminar en medio de todo. Hay muchas posibilidades para considerar: una amiga que sea buen oyente, un grupo de
oración y apoyo, un teléfono de emergencia para las crisis, un consejero sabio, un grupo de intervención para el abusador, un refugio o albergue, o los servicios de consejos de una agencia comunitaria.

El plan de Dios es que haya paz y seguridad en su casa (vea nuestro apéndice sobre la paz). Él no la llama a vivir en una situación abusiva. Ya es tiempo para la fe y la acción.

UNAS PERCEPCIONES SALUDABLES

Los pastores y otros líderes cristianos que han apoyado a las mujeres, a
los niños, y a las familias que buscan asistencia espiritual tienen unas
percepciones sabias sobre el vínculo entre la fe y la sanidad. ¿Dónde
está Dios en medio de los sueños destrozados y los espíritus humanos
quebrados? ¿Qué es un toque divino? Aquí tiene usted unas reacciones
de pastores sobre preguntas como éstas.[4]

- La fe en Dios es una parte integral del proceso de mejoramiento.
  *Sí, pienso que Dios puede resolver todos sus problemas, pero también creo
  que Él nos ha dado toda clase de herramientas para ayudar a nosotros
  mismos y de mejorarnos... Yo pienso que llega un momento cuando deci-
  mos que Dios puede recomponer lo que el hombre destruye.*

- La vida espiritual de una mujer está afectada por el abuso y por su
  decisión de pedir ayuda.
  *Ella volvió a su fe... Dios la ayudaba mucho para mantener los rastros
  de cordura y capacidad de manejar las cosas... Era exitoso según su
  punto de vista. Desafortunadamente, la situación terminó en una corte
  de divorcio pero ella no se dio por vencida. Así que ella aprendió muchas*

habilidades espirituales como la perseverancia y la confianza en Dios, y unas cosas por el estilo. Entonces para su desarrollo espiritual... seguramente era un éxito.

- A veces hay sanidad en la relación.
A mí me da mucha satisfacción ver que un matrimonio roto se sane, porque creo que tal es la voluntad de Dios para su pueblo.

- A veces los hombres abusivos culpan a la iglesia y a los clérigos por el abuso.
Realmente, él culpa a la iglesia y a mí por los cambios en su esposa... Desde su compromiso cristiano, ella ha tratado de vivir un estilo de vida distinta, y a él no le parece nada positivo... [Ha sido] una lucha espiritual para ella el mantener su compromiso cristiano, aunque ellos están separados.

- Dios puede guiarla a una red que la apoye y a un pastor cariñoso.
Nunca recomiendo que se divorcien; lo comprendería si piensan que es necesario. Pero también diría que es una... decisión que tiene que tomar usted misma y vamos a hacer lo posible para apoyarla como podamos. Sin embargo, no voy a decirle: «Vaya a divorciarse».

Cuando los ministros reconocen que el abuso, no el divorcio, destruye el matrimonio, están mejor preparados para ayudar a las mujeres golpeadas. De hecho, entre un grupo de mujeres abusadas por un período y que vivieron libre del abuso por lo menos un año después de pedir ayuda, muchas de ellas observaron que era su pastor el que las había ayudado a comprender que la protección es esencial, y aun que el divorcio es aceptable para una víctima de agresión.[5]

Sería inapropiado y muy insensible hablar de las mujeres abusadas como si todas hubieran compartido una sola experiencia de sufrimiento, aunque la violencia muestra una indiferencia patente a la individualidad de ellas. Las mujeres de color, las inmigrantes, las mujeres pobres, las incapacitadas, y otras varían en cómo responden a la violencia y qué formas de apoyo social encuentran en su comunidad.

También sería insensible y equivocado sugerir que todas las mujeres cristianas tienen experiencias parecidas en cuanto a su recuperación. Aunque muchos hilos en el tapiz de sanidad son similares, cada historia que otorga fuerzas y ayuda en medio de la crisis tiene validez en sí. Para la víctima cristiana, el abuso cae en el centro del sentido de sí misma como hija de Dios, creada a la imagen de Dios. Por eso, la confianza y la esperanza no solamente ayudan en el proceso de sanidad, sino también son ingredientes esenciales para la recuperación. Jesús mismo luchaba entre la traición y la esperanza en el huerto de Getsemaní antes de su muerte. Él también participa en su lucha y caminará consigo hacia sanidad e integridad.

La recuperación no es lo mismo que «la vuelta a la normalidad».[6] Es un proceso de adaptación a lo que le ha sucedido mientras una sigue buscando la promesa del mañana. La sanidad no disminuye la realidad del abuso ni de sus consecuencias. Pero mientras usted pida auxilio, Dios entra en asociación con usted.

En las palabras de una víctima: «Yo sé que aun por muchos años no podía admitirlo ni para mí misma...»[7] Aceptar que necesita ayuda es el primer peldaño en la escalera hacia la sanidad. Empiece a subir hoy.

La jornada a sanidad e integridad comienza con sólo un paso.

PARA LA REFLEXIÓN ESPIRITUAL

María y Marta estaban sentadas y confundidas, rodeadas de sus amigos compasivos. Les gustaba tener compañía, pero apenas se atrevían a expresar el pesar que casi las consumía. Su hermano amado, Lázaro, estaba muerto y ellas sabían plenamente que podría haberse prevenido. Cuando su enfermedad se había agravado, habían mandado a pedir que Jesús viniera, estando confiadas de que su amigo vendría con su poder maravilloso para curar.

Pero Jesús simplemente no apareció. Toda la noche esperaron y miraron y oraron, pero el Señor no vino. Tampoco había venido para la madrugada. Y ahora era demasiado tarde. Lázaro suspiró por última vez, y Jesús no estaba presente ni aun para el funeral. Su amigo más querido les había fallado. ¿Cómo podría traicionar la amistad así?

Jesús se había deleitado en su hospitalidad, aun reprendiendo a Marta por estar excesivamente preocupada con el trabajo de cocina como anfitriona. Cuando ella andaba por todos lados, ansiosamente preparando la mejor comida para él, la desafió a que pensara en otras prioridades (véase Lucas 10.38-42).

María había dejado las tareas de la casa para aprender de Jesús. *Ella debería saber cómo comportarse*, pensaba Marta. Un rabino dijo que era mejor echar la Tora, los libros de la ley, Génesis hasta Deuteronomio al fuego para incendiarla que enseñársela a una mujer. Otro dijo que era mejor enseñarle a una hija a ser sexualmente lasciva que enseñarle las Sagradas Escrituras. Marta, la hermana mayor, era muy consciente de la conducta apropiada. Aun hasta hoy en día en ciertos ramos del judaísmo, creen que la salvación de una mujer depende de su habilidad de mantener un hogar según las leyes judías (*kosher*) y de proveer la comida *kosher* para su familia. En todo esto, Marta tenía éxito y María fracasaba.

Pero Jesús se ponía del lado de María. Era mejor, insistía, que una mujer aprenda y que sea un buen discípulo. Los esfuerzos de anfitriona habían dejado a Marta nerviosa e incapaz de prestarle atención a lo que Jesús decía. Un plato sencillo hubiera sido suficiente para su cena, y una pasión completamente consumadora debía haber reclamado sus corazones.

La historia escrita en Juan 11 nos hace entender que Marta había reflexionado cuidadosamente en la reprobación de Jesucristo. Si María hubiese aprendido de la enseñanza general de Jesús, Marta a su vez hubiese aprendido su perspectiva de las capacidades espirituales e intelectuales de las mujeres. Obviamente, las prioridades de Jesús eran distintas a las prioridades que ella había aprendido anteriormente.

¿Pero dónde estaba Jesús cuando había una crisis verdadera y urgente? ¿No había venido porque las demás personas eran más importantes que ellas? ¿No había prestado atención a su petición porque eran mujeres? ¿No le importaban su ansiedad y aflicción? ¿Por qué todavía no había mandado una respuesta?

Pero de repente vinieron las noticias de que Jesús venía a su aldea. Sólo hablaron en voz baja para darles las noticias, porque la ausencia de su llegada era demasiado difícil para mencionar entre sus amigos. María estaba tan desalentada que no podía ni moverse, era mejor quedarse con la gente que había venido pronto para mostrar su empatía. Pero Marta corrió para encontrarlo.

Sus primeras palabras expresaron su desilusión y sentido de traición. «¡Señor, si hubiese estado aquí, mi hermano no habría muerto!» Ella lo presentó todo: tenía una crisis de fe porque Jesús no había hecho lo que él la había alentado a esperar. Respirando profundamente, ella aventuraba: «Sé ahora que todo lo que pidas a Dios, Dios te lo dará».

«Tu hermano resucitará», le aseguró.

¿Cómo podría ser tan insensible, primero, le falló a su amigo enfermo; y segundo, había hablado de la resucitación futura? Era algo bueno recordar que los muertos se levantarían en el día de juicio final, pero *¿ahora qué?* ¿Qué de su soledad y lástima, de los problemas de las dos mujeres que vivían solas, de las dificultades económicas, de la lástima que sentían porque no podían contar con Jesús cuando más lo necesitaban?

Entonces Jesús empezó a estirar su fe todavía más, presentándose a ella en una forma nueva: «Yo soy la resurrección y la vida. El que cree en mí, aunque esté muerto, vivirá; y todo aquel que vive y cree en mí, no morirá eternamente. ¿Crees esto?» (Juan 11.25-26).

En el momento de su desesperanza más profunda, Jesús desafiaba su fe. ¿Podría ella creer que el amigo que le había fallado por llegar tarde fuera el Único enviado de Dios para traer vida?

Sí, Señor; yo he creído que tú eres el Cristo, el Hijo de Dios, que has venido al mundo. (Juan 11.27)

Este testimonio ha resonado por muchos siglos. Tantas veces admiramos la confesión de Pedro (Mateo 16.16) y nos olvidamos de la de Marta, en medio de su crisis angustiada. Sin embargo, su confesión es parte esencial de la historia de Juan sobre Jesús, el Hijo de Dios.

Jesús incitó en Marta una fe que era mucho más profunda que cualquiera que hubiese podido imaginar. En el momento de crisis, nuestra fe o se desintegra o se desarrolla. Cuando nuestro mundo entero se rompe en pedazos, o encontramos un significado nuevo en Cristo o deprimimos sin sentido. En el acontecimiento del Evangelio, ambas hermanas son profundamente cambiadas como resultado de su encuentro con Jesús a raíz de la muerte de Lázaro.

Marta nunca era alguien que se quedaba quieta por mucho tiempo, y pronto regresó para traer a su hermana al Salvador y a una comprensión nueva de él. «El Maestro está aquí y te llama», susurraba. La salida brusca sorprendió a las otras personas que estaban de luto; ellos concluyeron que probablemente ella estaba regresando a la sepultura.

Ella fue rápidamente al lugar donde Jesús estaba esperando, en el mismo lugar donde había encontrado a Marta, justo afuera de la aldea. Ella cayó a sus pies y se lamentaba. «Señor, si hubieses estado aquí, no habría muerto mi hermano», le exclamó.

Luego, Jesús también empezó a llorar. Lejos de ser duro, era profundamente sensible a las hermanas y su pérdida. Sin duda, su retraso en llegar, lo que a primera vista les parecía una falta de interés, era parte de una estrategia divina (vea Juan 11.3-16) aunque no se podía comprender humanamente. Él les había explicado a sus discípulos: «Esta enfermedad no es para muerte, sino para la gloria de Dios, para que el Hijo de Dios sea glorificado por ella….y me alegro por vosotros, de no haber estado allí para que creáis». Su propósito no era prevenir la muerte, sino llamar a Lázaro a vivir de nuevo, a una vida de significado más profundo.

Muchas veces las mujeres preguntan: «¿Dónde estaba Jesucristo cuando abusaban de mí?» La respuesta es que él estaba allí, llorando, penosamente consciente del abuso, pero a la vez permitiendo a los humanos el libre albedrío, aun a hacer lo malo. Al fin y al cabo, él está en medio de la situación, listo para obrar justicia y sanar al alma desconsolada.

Jesús les pidió que lo llevaran a la sepultura y que lo abrieran, a pesar de la observación sumamente práctica de Marta de que el cuerpo de su hermano ya estaría descomponiéndose. Era demasiado tarde para una cura, pensaba ella, un punto de vista que Jesús contradijo: «¿No te he dicho que si crees, verás la gloria de Dios?» (Juan 11.40)

Entonces lo milagroso sucedió. Lázaro respondió al llamado de Jesús y salió de la sepultura. El muerto se revivió. El pesar de luto se convirtió en una asombrosa alegría.

La oración de Jesús había sido contestada. «Lo dije por causa de la multitud que está alrededor, para que crean que tú me has enviado» (11.42). Ahora entendían su propósito. Dios había confirmado la confesión de Marta cuando dijo que él era el Cristo, enviado por Dios al mundo.

No leemos de una reacción inmediata de su hermana; en vez de eso, su reacción surgió durante la próxima visita de Jesús a Betania. María, llena de alegría inexpresable, derramó el ungüento precioso sobre él y le enjugó los pies con sus cabellos. Aunque era costumbre de las mujeres judías cubrir sus cabellos largos, ella había aprendido cuánto Jesús valoraba a las mujeres, y esto la capacitaba para expresar las profundidades de su ser (Juan 11.2; 12.3-8; véase también Mateo 26.6-13; Marcos 14.3-9). Juan describe a María a los pies de Jesús, pero Mateo y Marcos describen cuando le ungió la cabeza a Jesús, lo que pronto sería coronada de espinas. A los reyes, a los sacerdotes, y a Jesucristo, a todos, se les debía ungir la cabeza, y la acción de María expresaba su nuevo discernimiento de quién era Jesús de verdad.

Mientras el olor del perfume llenaba toda la casa, otra vez María era el blanco de la crítica y otra vez Jesús la defendía. Mientras las demás personas se quejaban, diciendo que podrían haber vendido el vaso de alabastro de aceite perfumado para dar las ganancias a los pobres, Jesús aceptó su acto de devoción y adoración como un regalo personal para sí mismo.

Leemos mucho de lo que Jesús hacía por los demás, pero muy poco de los regalos o los favores personales que le hacían a Jesús. Cuando Jesús nació, los magos le habían traído mirra, con oro e incienso; y ahora, poco antes de su muerte, también ella le dio mirra, la especia de embalsamamiento. Durante su vida, ella le mostró respeto a su cuerpo que sería negado después de su ejecución como criminal. «Esta ha hecho lo que podía; porque se ha anticipado a ungir mi cuerpo para la sepultura», razonaba Jesús. En el mundo antiguo, era la responsabilidad de las mujeres el preparar el cadáver para su descanso final; pero no lo permitían en el caso de la ejecución criminal. José de Arimatea y Nicodemo harían todo lo posible, pero María había anticipado la obra de éstos en una manera bella y apropiada mientras Jesús todavía vivía.

María había llegado a un punto donde podía servir a Cristo en una forma que los otros no lo podían hacer. De todos los discípulos de Jesús, aparentemente ella era la que mejor comprendía la muerte inminente de Jesús. No leemos que ella estuviera presente en la sepultura, porque su obra ya estaba completa. Jesús declaró que su acto sería contado por dondequiera que se predicara el evangelio en el mundo (Marcos 14.9). Su crisis personal había sido transformada en una pieza significativa de la historia de salvación.

Por doce años, la mujer estaba afligida por un flujo vaginal persistente. Según las leyes de Israel, esto la hacía perpetuamente inmunda. Todo lo que ella tocaba era impuro, y nadie más podía tocarlo. Las reglas como ésta habían contribuido mucho a la higiene y a la salud pública de Israel, pero las restricciones legalistas habían excedido las regulaciones de la Biblia. Esencialmente, esta mujer había sufrido el rechazo total de la sociedad. Ella había pagado todo lo que tenía a un médico tras otro y las «curas» sólo habían empeorado su condición. La muerte era preferible antes que una debilidad constante, al ostracismo, y a la experiencia humillante de su aflicción (véase Lucas 8.42-48).

Como otras personas, ella también había oído de Jesús. Pero siempre había multitudes alrededor de él. ¿Cómo podría ella, la inmunda, acercarse a él sin empujar a los otros, sin llamar la atención a sí misma y a su condición desgraciada?

Pero un día, ella decidió buscar una cura. Afrontaría a la muchedumbre, marcharía adelante, empujándose contra la masa de extranjeros, y tocaría sólo el borde de su manto. Ella sabía de su poder de curación y decidió que sólo un toque sería suficiente; después de tantos años de ser intocable.

Entre las multitudes de gente, nadie se fijaba en ella mientras avanzaba poco a poco hacia el Señor. Él tenía que caminar lentamente debido a la presión de la multitud, y ella, agachándose, podía extender su mano temblorosa hacia el borde de su manto.

Entonces, en medio de toda la bulla y el ruido, Jesús se detuvo completamente. Alguien lo había tocado, dijo. Pero muchas personas lo habían tocado. ¿Cómo se lo podría evitar en tal multitud?

Alguien lo había tocado de una manera especial, insistía, porque había sentido que el poder de sanidad había salido de él. Él se quedaba pendiente de una respuesta, no quería seguir hasta que el dueño de la mano se identificara y que la cura se revelara.

Temblando con miedo, tartamudeando con vergüenza, la mujer emergió y confesó su aflicción y la cura que había experimentado. ¿Por qué, se preguntó avergonzada, por qué él le había exigido una revelación pública de su problema tan íntimo?

Aparentemente, Jesús no estaba ofendido porque una mujer menstruando lo había tocado; tampoco le molestaba su problema ginecológico. Los cuerpos de las mujeres, tanto como sus almas, eran su preocupación. Su afirmación: «Tu fe te ha salvado», ponía el énfasis en su condición espiritual en vez de su condición de flujo corporal. Los cuerpos de las mujeres eran aceptables a Jesús. Él concluyó: «Hija... vé en paz», sanada, afirmada, y fortalecida.

Apéndice 1

Sanidad para los maridos abusados

LOS PASTORES DICEN QUE TIENEN MUY LIMITADA EXPE-RIENCIA ayudando a los hombres cristianos que han sido abusados por sus esposas o novias. ¿Acaso hay muy pocos hombres cristianos que han sido abusados? ¿O es que los hombres abusados por sus parejas tienen menos probabilidad de pedir ayuda de un pastor o de las agencias de la comunidad secular? En las investigaciones que yo reportaba en mi libro *The Battered Wife: How Christians Confront Family Violence (La esposa golpeada: qué hacen los cristianos para enfrentar la violencia familiar)*, en el año previo, el 9.7 por ciento de los pastores evangélicos había aconsejado a dos o más hombres que le revelaron que tenían una esposa o pareja abusiva, mientras el 60.2 por ciento *nunca* habían tenido a nadie que se pidiera ayuda debido a un problema de abuso por la esposa o la pareja. En contraste, sólo el 16.8 por ciento de los pastores reportaban que nunca había pedido su asistencia pastoral ninguna mujer con un marido o compañero abusivo.

La Biblia condena la violencia, sea perpetrado de hombre o mujer. En Proverbios 27.12 leemos: «El avisado ve el mal y se esconde; mas los simples pasan y llevan el daño». La Nueva Versión Internacional lo dice así: «Los prudentes ven el peligro y buscan refugio, pero los simples siguen igual y sufren por esto». Seguramente, la Biblia nos enseña que uno no debe de ponerse en peligro.

Los hombres que han sido violados necesitan la oportunidad de ir a su pastor o a su líder espiritual para auxilio. En nuestras investigaciones, los clérigos reportaban más experiencia ayudando a los hombres que habían sido abusados durante su niñez por uno de sus padres; el 20.9 por ciento habían aconsejado a dos hombres o más en esta categoría durante el año anterior. Estos hombres tienen inquietudes espirituales y emocionales, y los especialistas que están recomendados tienen que cubrir una variedad extensiva de fuentes de información muy parecidas a los que describimos en el capítulo cuatro.

El patrón de abuso puede diferenciarse entre hombres y mujeres. Hay muy pocas investigaciones publicadas sobre este tema, pero por medio de otros reportes, podemos suponer que las diferencias están relacionadas con ciertos temas como el temor de regresar a casa con una pareja abusiva, la vulnerabilidad económica, y el poder y control extremos en una sociedad todavía arraigada en discriminación en cuanto a género. El contexto del abuso de un hombre puede ser muy distinto que el de una mujer. Hay una necesidad de más investigación sobre este asunto. Pero siempre es importante tomar en serio el dolor y la angustia de un hombre que reporta el abuso.

APÉNDICE 2

El patrón de Dios para la seguridad y la paz en la vida hogareña

LA PROMESA REPETIDA DE LA BIBLIA ES QUE HABRÁ paz y seguridad en la casa del devoto, y que habrá libertad del terror. Por dentro y por fuera de la casa, el pueblo de Dios debería no solamente acostarse en seguridad (Levítico 26.6; Salmo 3.6; Isaías 14.30; Oseas 2.18) sino también vivir en seguridad (Jeremías 23.6; 32.37; 33.16; Ezequiel 28.26; 34.24-28; 38.8, 14).

> ¡Mirad cuán bueno y cuán delicioso es
>   habitar los hermanos juntos en armonía!
> Es como el buen óleo sobre la cabeza,
>   el cual desciende sobre la barba,
> la barba de Aarón,
>   y baja hasta el borde de sus vestiduras.
> Como el rocío de Hermón,
>   que desciende sobre los montes de Sion.
> Porque allí envía JEHOVÁ bendición, y vida eterna.
> SALMO 133

Y el efecto de la justicia será paz;
y la labor de la justicia, reposo y seguridad para siempre.
Y mi pueblo habitará en morada de paz,
en habitaciones seguras, y en recreos de reposo.
ISAÍAS 32.17-18

E Israel habitará confiado,
la fuente de Jacob habitará sola...
DEUTERONOMIO 33.28

Sabrás que hay paz en tu tienda...
JOB 5.24

Dormiréis, y no habrá quien os espante...
LEVÍTICO 26.6

...los haré habitar seguramente.
JEREMÍAS 32.37

En paz me acostaré, y asimismo dormiré;
porque solo tú JEHOVÁ, me haces vivir confiado.
SALMO 4.8

Así ha dicho JEHOVÁ el Señor: Cuando recoja a la casa de Israel de
los pueblos entre los cuales está esparcida, entonces me santificaré en ellos
ante los ojos de las naciones, y habitarán en su tierra, la cual de a mi siervo Jacob. Y habitarán en ella seguros, y edificarán casas, y plantarán viñas,
y vivirán confiadamente, cuando yo haga juicios en todos los que los des-
pojan en sus alrededores; y sabrán que yo soy JEHOVÁ su Dios.
EZEQUIEL 28.25-26

Y se sentará cada uno debajo de su vid y debajo de su higuera,
y no habrá quien los amedrente;
porque la boca de JEHOVÁ de los ejércitos lo ha hablado.
MIQUEAS 4.4

Así ha dicho JEHOVÁ el Señor: En aquel tiempo, cuando mi pueblo Israel habite con seguridad, ¿no lo sabrás tú?
EZEQUIEL 38.14

...habitarán con seguridad, y no habrá quien las espante.
EZEQUIEL 34.28

Su descendencia se robustece a su vista,
y sus renuevos están delante de sus ojos.
Sus casa están a salvo de temor...
JOB 21.8-9

Porque has puesto a JEHOVÁ, que es mi esperanza,
al Altísimo por tu habitación,
no te sobrevendrá mal,
ni plaga tocará tu morada.
Por cuanto en mí ha puesto su amor, yo también lo libraré;
le pondré en alto, por cuanto ha conocido mi nombre.
Me invocará y yo le responderé;
con él estaré yo en la angustia,
lo libraré y le glorificaré.
SALMO 91.9-10; 14-15

Y todos tus hijos serán enseñados por JEHOVÁ,
y se multiplicará la paz de tus hijos.
Con justicia serás adornada;
estarás lejos de opresión, porque no temerás, y de temor,
porque no se acercará a ti.
Si alguno conspirare contra ti, lo hará sin mí;
el que contra ti conspirare, delante de ti caerá.
Ninguna arma forjada contra ti prosperará,
y condenarás toda lengua que se levante contra ti en juicio.
Esta es la herencia de los siervos de JEHOVÁ
y su salvación de mí vendrá, dijo JEHOVÁ.
ISAÍAS 54.13-15, 17

En todo tiempo ama el amigo,
y es como un hermano en tiempo de angustia.
PROVERBIOS 17.17

Mejor es la comida de legumbres donde hay amor,
que de buey engordado donde hay odio.
El hombre iracundo promueve contiendas;
mas el que tarda en airarse apacigua la rencilla.
PROVERBIOS 15.17-18

No tengas envidia de los hombres malos,
ni desees estar con ellos;
Porque su corazón piensa en robar,
e iniquidad hablan sus labios.
Con sabiduría se edificará la casa,
y con prudencia se afirmará;
Y con ciencia se llenarán las cámaras
de todo bien preciado y agradable.
PROVERBIOS 24.1-4

Vuestra gentileza sea conocida de todos los hombres.
El Señor está cerca.
FILIPENSES 4.5

Casadas, estad sujetas a vuestros maridos como conviene el Señor.
Maridos, amad a vuestras mujeres, y no seáis ásperos con ellas.
Hijos, obedeced a vuestros padres en todo, porque esto agrada al
Señor. Padres, no exasperéis a vuestros hijos, para que no se desalienten.
COLOSENSES 3.18-21

Asimismo vosotras, mujeres, estad sujetas a vuestros maridos; para
que también los que no creen a la palabra, sean ganados sin palabra por
la conducta de sus esposas, considerando vuestra conducta casta y res-
petuosa. Vuestro atavío no sea el externo de peinados ostentosos, de

adornos de oro o de vestidos lujosos, sino el interno, el del corazón, en el incorruptible ornato de un espíritu afable y apacible, que es de grande estima delante de Dios... Vosotros, maridos, igualmente, vivid con ellas sabiamente, dando honor a la mujer como a vaso más frágil, y como a coherederas de la gracia de la vida para que vuestras oraciones no tengan estorbo.

1 PEDRO 3.1-4, 7

Maridos, amad a vuestras mujeres, así como Cristo amó a la iglesia, y se entregó a sí mismo por ella, para santificarla, habiéndola purificado en el lavamiento del agua por la palabra, a fin de presentársela a sí mismo, una iglesia gloriosa, que no tuviese mancha ni arruga ni cosa semejante sino que fuese santa y sin mancha. Así también los maridos deben amar a sus mujeres como a sus mismos cuerpos. El que ama a su mujer, a sí mismo se ama. Porque nadie aborreció jamás a su propia carne, sino que la sustenta y la cuida, como también Cristo a la iglesia, porque somos miembros de su cuerpo, de su carne y de sus huesos. «Por esto dejará el hombre a su padre y a su madre, y se unirá a su mujer, y los dos serán una sola carne». Grande es este misterio; mas yo digo esto respecto de Cristo y de la iglesia. Por lo demás, cada uno de vosotros ame también a su mujer como a sí mismo; y la mujer respete a su marido.

EFESIOS 5.25-33

Pero si el incrédulo se separa, sepárese; pues no está el hermano o la hermana sujeto a servidumbre en semejante caso, sino que a paz nos llamó Dios.

1 CORINTIOS 7.15

Fenezca ahora la maldad de los inicuos,
más establece tú al justo;
porque el Dios justo prueba la mente y el corazón.
SALMO 7.9

Y vendrán con gritos de gozo en lo alto de Sion,
y correrán al bien de JEHOVÁ,
al pan, al vino, al aceite,
y al ganado de las ovejas y de las vacas;
y su alma será como huerto de riego,
y nunca más tendrán dolor.
Entonces la virgen se alegrará en la danza,
los jóvenes y los viejos juntamente;
y cambiaré su lloro en gozo,
y los consolaré, y los alegraré de su dolor.
JEREMÍAS 31.12-13

APÉNDICE 3

Algunas sugerencias para la alabanza que sana

LA ALABANZA ES UN CAMINO MARAVILLOSO PARA LA SANIDAD. O podemos contemplar las Sagradas Escrituras individualmente, o dentro de una comunidad de alabanza. Las palabras de la Biblia pueden sostenernos, aun cuando no podemos formar nuestras oraciones mismas.

Hay muchos recursos para la alabanza que pueden traerle sanidad a un alma herida. Le ofrecemos éstos como ejemplos de las riquezas espirituales que las víctimas pueden utilizar mientras se están transformando a sobrevivientes.

Porque tú nos probaste, oh Dios;
 nos ensayaste como se afina la plata.
Nos metiste en la red;
 pusiste sobre nuestros lomos pesada carga.
Hiciste cabalgar hombres sobre nuestra cabeza;
 pasamos por el fuego y por el agua,
y nos sacaste a abundancia.
SALMO 66.10-12

Es ese lugar espacioso que el pueblo de Dios busca, un sitio de reposo que nos ha sido prometido. Para las mujeres quienes vidas han sido en constante tumulto y confusión, estos pasajes pueden traerle sanidad.

Y el efecto de la justicia será paz;
y la labor de la justicia, reposo y seguridad para siempre.
Y mi pueblo habitará en morada de paz,
en habitaciones seguras, y en recreos de reposo.
ISAÍAS 32.17-18

Será exaltado JEHOVÁ, el cual mora en las alturas;
llenó a Sion de juicio y de justicia.
Y reinará en tus tiempos la sabiduría y la ciencia,
    y abundancia de salvación;
el temor de JEHOVÁ será su tesoro....
Tus ojos verán al Rey en su hermosura;
    verán la tierra que está lejos....
¡Mira a Sion, ciudad de nuestras fiestas solemnes!
Tus ojos verán a Jerusalén,
morada de quietud, tienda que no será desarmada,
    ni serán arrancadas sus estacas,
    ni ninguna de sus cuerdas será rota.
Porque ciertamente allí será JEHOVÁ para con nosotros fuerte,
lugar de ríos, de arroyos muy anchos...
ISAÍAS 33.5-6, 17, 20-21

Julie Ann Hilton cuenta la historia del consuelo que un grupo de víctimas del abuso infantil hallaba en el pasaje siguiente mientras anticipaba la gracia transformativa en sus vidas.

El Espíritu de JEHOVÁ el Señor está sobre mí,
    porque me ungió JEHOVÁ;
me ha enviado a predicar buenas nuevas a los abatidos,
    a vendar a los quebrantados de corazón,

a publicar libertad a los cautivos,
y a los presos apertura de la cárcel;
a proclamar el año de la buena voluntad de JEHOVÁ,
y el día de venganza del Dios nuestro;
a consolar a todos los enlutados;
a ordenar que a los afligidos de Sion
se les dé gloria en lugar de ceniza,
óleo de gozo en lugar de luto,
manto de alegría en lugar del espíritu angustiado;
y serán llamados árboles de justicia,
plantío de JEHOVÁ, para gloria suya.
ISAÍAS 61.1-3

Estaban impresionadas del concepto de volverse árboles (robles fuertes) de justicia en lugar de víctimas heridas; regocijaban en el plantío de Dios.[1]

Uno de los medios más poderosos de la sanidad es la canción espiritual. Una mujer puede anticipar su nueva integridad tanto como las israelitas anticipaban la Tierra Prometida y una restauración de las promesas de Dios. A una mujer le ayudaba mucho cantar un coro que incorporaba las promesas maravillosas de Isaías 62:

Entonces verán las gentes tu justicia,
y todos los reyes tu gloria;
y te será puesto un nombre nuevo,
que la boca de JEHOVÁ nombrará.
Y serás corona de gloria en la mano de JEHOVÁ,
y diadema de reino en la mano del Dios tuyo.
Nunca más te llamarán Desamparada,
ni tu tierra se dirá más Desolada;
sino que serás llamada Hefzi-bá,
y tu tierra, Beula;
porque el amor de JEHOVÁ estará en ti,
y tu tierra será desposada. (Isaías 62.2-4)

Aquí Sion está representada como una esposa herida y rechazada que es transformada y restaurada, y de esta imagen se apropiaba la víctima como su promesa particular, la promesa de un nombre nuevo y un estado nuevo. Repetidas veces ella alimentaba su propia alma, y la de otras, cantando: «Cambiaré tu nombre»

Cambiaré tu nombre.
Ya no más te llamarán
Herida, Paria, Solitaria, ni Temerosa
Cambiaré tu nombre.
Tu nombre nuevo será:
Confidencia, Alegría, La que vence
Fidelidad, Amiga de Dios,
La que busca mi rostro.[2]

Otra mujer hallaba gran consuelo cantando el himno: «La luz del mundo» que habla de la salida del sol espiritual:

Luz del mundo le llamamos
¡Resplandeciendo el cielo del este!
Nunca te cubrirán las tinieblas
Más de los ojos humanos.
¡Ay! Por demasiado tiempo ocultada,
ahora extiéndete de costa a costa;
en Tu luz tan alegre y dorada
Al mundo ya no más se desvanecerá.

Puede ser que cada mujer tenga su propia canción favorita que le trae a su espíritu la promesa de sanidad. El corazón que está demasiado aplastado para leer u orar todavía puede cantar las canciones conocidas. El cantar las canciones espirituales es un ejercicio salubre (vea Salmo 33.2-3; Efesios 5.19, Colosenses 3.16). Habrá una canción nueva para todos los que la esperan (vea Salmo 30.3; 40.3; 96.1, 144.9; Isaías 42.10; Apocalipsis 5.9; 14.2).

LETANÍA: ESPERANZA EN MEDIO DE LA VIOLENCIA

La oración, ya sea corporativa o individual, es otra vía de misericordia. Para algunos, una letanía puede ser útil como medio de levantar una voz corporativa de creyentes. Lo siguiente era preparado para un servicio especial del destacamento del World Evangelical Fellowship sobre el tema de la violencia contra la mujer.

LA VOZ DE LA VÍCTIMA: En otra región del país, trataba de escapar de un maridoque había intentado matarme.Los albergues para las mujeres me dijeron que no quedaba sitio; y aunque había una casa parroquial con espacio adecuado, la iglesia no me ayudó ni aun por una noche. Mi familia venía en carro desde larga distancia para rescatarme; ¿pero por qué no estaba dispuesto a ayudarme el pueblo de Dios?

RESPUESTA: Venían en el camino un sacerdote y un levita que echaron un vistazo a la persona herida caída al lado del camino y cruzaron al otro lado y lo pasaron.
¿No es más bien el ayuno que yo escogí,
desatar las ligaduras de impiedad,
soltar las cargas de opresión,
y dejar ir libres a los quebrantados
y que rompáis todo yugo?
¿No es que partas tu pan con el
   hambriento,
y a los pobres errantes albergues en casa;…?
(Isaías 58.6-7)

LA VOZ DEL POLICÍA: La categoría más grande de llamadas al 911 o de emergencias que nuestra agencia de policía recibe es la que involucra la violencia doméstica. ¿No dice la Biblia algo sobre la responsabilidad de la gente cristiana cuando hay un problema comunitario como este?

RESPUESTA: Así dijo JEHOVÁ: Haced juicio y justicia, y librad al oprimido de mano del opresor, y no engañéis ni robéis al extranjero, ni al huérfano ni a la viuda, ni derraméis sangre inocente en este lugar. (Jeremías 22.3)

LA VOZ DE UNO QUE TRABAJA CON LOS ANCIANOS: Las mujeres y los niños necesitan ser protegidos, igual que los ancianos. En mi trabajo, veo a mucho abuso y descuido de los ciudadanos mayores de edad en esta comunidad.

RESPUESTA: La religión pura y sin mácula delante de Dios el Padre es esta: Visitar a los huérfanos y a las viudas en sus tribulaciones, y guardarse sin mancha del mundo. (Santiago 1.27)

LA VOZ DE UNA LÍDER: En una asamblea general del World Evangelical Fellowship, una mujer africana se levantó y lespreguntó: «¿Cuándo hará algo esta organización para remediar la violencia contra las mujeres? Hay hombres en este mismo salón que abusan a sus esposas». Y esa mujer recibió una ovación.

RESPUESTA: El deseo de los humildes oíste; oh JEHOVÁ; tú dispones su corazón, y haces atento tu oído, para juzgar al huérfano y al oprimido, a fin de que no vuelva más a hacer violencia el hombre de la tierra. (Salmo 10.17-18)

LA VOZ DE UNA LÍDER: En cada nación del mundo, las mujeres han declarado que su problema principal es la violencia doméstica. La investigación nos enseña que la frecuencia y las cicatrices de abuso no reconocen los límites de religión. Cuando los líderes de la iglesia y los fieles no hacen caso al grito de socorro de una mujer cristiana, ella sufre no sólo la angustia de la agresión, sino también el rechazo de su familia de fe.

LA RESPUESTA: Mis amigos y mis compañeros se mantienen lejos de mi plaga, y mis cercanos se han alejado. (Salmo 38.11)

Me volví y vi todas las violencias que se hacen debajo del sol; y he aquí las lágrimas de los oprimidos sin tener quien los consuele; y la fuerza estaba en la mano de sus opresores y para ellos no había consolador. (Eclesiastés 4.1)

LA VOZ DE UNA LÍDER: En Egipto había muchos secretos sobre la violencia doméstica. Ocultamos tales cosas.

RESPUESTA: Porque nada hay encubierto, que no haya de descubrirse; ni oculto, que no haya de saberse. Por tanto, todo lo que habéis dicho en tinieblas, a la luz se oirá; y lo que habéis hablado al oído en los aposentos, se proclamará en las azoteas. (Lucas 12.2-3)

LA VOZ DE UNA LÍDER: En Australia, una evangelista femenina estaba forzada de recoger a sus hijos y huir de la casa cuando su marido que era pastor se volvía homicida. Otro pastor fue a darle consejos, pero ella no hubiera estado viva, si no se hubiera quedado escondida esa noche. ¿Cómo podría haberla tratado así su compañero de vida en el servicio cristiano?

RESPUESTA: Porque no me afrentó un enemigo, lo cual habría soportado; ni se alzó contra mí el que me aborrecía, porqué me hubiera ocultado de él; sino tú, hombre, al parecer íntimo mío, mi guía, y mi familiar; que juntos comunicábamos dulcemente los secretos, y andábamos en amistad en la casa de Dios. (Salmo 55.12-14)

Todas las noches inundo de llanto mi lecho, riego mi cama con mis lágrimas. (Salmo 6.6)

LA VOZ DE UNA LÍDER: En mi práctica médica en Indonesia, observo unos horrores incalificables. Los cuerpos de las mujeres se usan como basura.

RESPUESTA: Si alguno destruyere el templo de Dios, Dios le destruirá a él; porque el templo de Dios, el cual sois vosotros, santo es. (1 Corintios 3.17)

LA VOZ DE UNA   Yo sé, por medio de mis propias
MUJER DE LA IGLESIA: experiencias, que Dios oye los gritos de las mujeres abusadas.

RESPUESTA: ...te menospreciarán tus amantes, buscarán tu vida. Porque oí una voz como de mujer que esté de parto, angustia como de primeriza, voz de la hija de Sion que lamenta y extiende sus manos, diciendo: ¡Ay ahora de mí! que mi alma desmaya a causa de los asesinos. (Jeremías 4.30-31)

¿No hay bálsamo en Galaad? ¿No hay allí médico? ¿Por qué, pues, no hubo medicina para la hija de mi pueblo? ¡Oh, si mi cabeza se hiciese aguas, y mis ojos fuentes de lágrimas, para que llore día y noche los muertos de la hija de mi pueblo! (Jeremías 8.22-9.1)

LA VOZ DE UNA LÍDER: Yo hago visitas a un hombre cristiano que está sirviendo una sentencia perpetua por haber matado a su esposa y a sus hijos. Al igual que muchasotras personas, yo le fallé a esa familia. Ella me escribió de sus dificultades económicas y de sus problemas de encontrar una iglesia familiar donde se sentían cómodos, pero no me avisó del abuso. Aunque ya

es tarde para hablar de esto con ellos,
¿Cómo podemos nosotros, como el pueblo de Dios, extendernos a los ofende-
dores en medio de nosotros? ¿Cómo
podemos ministrar a ellos y ser mento-
res y darles supervisión, llamándoles al
acontecimiento afirmando a la persona
sin aceptar su conducta?

RESPUESTA: Pobrecita, fatigada con tempestad, sin
consuelo; ....Con justicia serás adornada;
estarás lejos de opresión, porque no
temerás, y de temor, porque no se acercará a ti....Ninguna arma forjada contra
ti prosperará, y condenarás toda lengua
que se levante contra ti en juicio. Esta es
la herencia de los siervos de JEHOVÁ,
y su salvación de mí vendrá, dijo
JEHOVÁ. (Isaías 54.11, 14, 17)

NOTAS

El camino hacia la esperanza

[1] En 1992, Nancy juntaba un equipo de investigadores bajo los auspicios del Muriel McQueen Fergusson Center for Family Violence Research (el Muriel McQueen Fergusson centro de investigación sobre la violencia familiar) en la Universidad de New Brunswick, Canadá. Lois Mitchell, Lori Beaman, Terri Atkinson, Sheila McCrea, Amanda Steeves, Christy Hoyt, Lisa Hanson y Michelle Spencer-Arsenault han servido en ese equipo. Durante los años, más que mil clérigos y laicos de cinco denominaciones distintas han participado en la colección de data. Los fondos para estos proyectos han venido de las fuentes siguientes: del Louisville Institute for the Study of Protestantism and American Culture, del Social Sciences and Humanities Research Council of Canada, del Victim Services Fund del New Brunswick Department of the Solicitor General, de la Lawson Foundation, del Women's Program of the Canadian Secretary of State, del Constant Jacquet Research Award de la Religious Research Association, del Muriel McQueen Fergusson Centre for Family Violence Research, del Fichter Fund de la Association for the Sociology of Religion, y de la University of New Brunswick Research Fund. Las denominaciones que han participado también han proveído apoyo económico tanto como donaciones equivalentes de su tiempo o de sus recursos. Los lectores que están

interesados en un acontecimiento detallado de los métodos de investigación que usamos pueden revisar otras obras publicadas por Nancy
Nason-Clark.

Capítulo 1:
¿Cómo puedo saber si necesito ayuda?
[1] Basado en entrevista de clérigo 396.
[2] Basado en entrevista de clérigo 102.

Capítulo 2:
¿Cuánto de mi historia debo contar?
[1] *Fire in the Rose Project: Education and Action* (Ottawa: Canadian
Council on Justice and Corrections, 1994), p. 3.
[2] Basado en entrevista de clérigo 272.
[3] Basado en entrevista de clérigo 106.
[4] Basado en entrevista de clérigo 106.
[5] Statistics Canada, "The Violence Against Women Survey", *The Daily,*
18 de noviembre de 1993.
[6] Joni Seager, *The State of Women in the World Atlas,* n.ed. (London:
Penguin, 1997).
[7] Action, *News from the World Association for Christian Communication,*
no. 204 (London: World Association for Christian Communication,
marzo 1998).
[8] "Violence Against Women: Why the Government Has Made
Violence Against Women a Priority", UK Cabinet Office Fact Sheet
(1998), <www.cabinet-office.gov.uk> (repasado mayo 2001).
[9] Statistics Canada, *Family Violence in Canada: A Statistical Profile,*
Catálogo no. 85-224 (Ottawa: Minister of Industry, 2000), p. 5.
[10] "Facts About Domestic Violence and Sexual Assault", <www.wea-
veinc.org/facts.html> (repasado mayo 2001) vea también Evan Stark
y Anne Fliterart, "Medical Therapy as Repression: The Case of Battered
Women", *Health and Medicine* (Verano/otoño 1982): 29-32.
[11] Federal Bureau of Investigation, "Uniform Crime Reports: Crime in the
United States, 2000", Annual Report (Washington, D.C.: Government
Printing Office, 2000).

[12] Murray A. Straus, Richard J. Gelles y Suzanne K. Steinmetz, *Behind Closed Doors: Violence in the American Family* (Garden City, NY: Doubleday, 1980); Murray A. Straus, "Injury and Frequency of Assault and the 'Representative Sample Fallacy' in Measuring Wife Beating and Child Abuse", en *Physical Violence in American Families: Risk Factors and Adaptations to Violence in 8,145 Families*, ed. Murray A. Straus y Richard J. Gelles (New Brunswick, NJ: Transaction, 1990), pp. 75-91; Scott L. Feld y Murray A. Straus, "Escalation and Desistance of Wife Assault in Marriage", *Criminology 27* (1989): 141-61; Murray A. Straus y Richard J. Gelles, "Societal Change and Change in Family Violence from 1975 to 1985 As Revealed by Two National Surveys", *Journal of Marriage and the Family 48* (1986): 465-79.

[13] Donald C. Bross y Richard D. Krugman, *The New Child Protection Team Handbook* (NY: Garland, 1988).

[14] Mary Shawn Copeland, "Reflections", en *Violence Against Women*, ed. Elisabeth Schüssler Fiorenza y Mary Shawn Copeland (London: SCM Press, 1994), pp. 119-22; vea también Leslie Timmins, ed., *Listening to the Thunder: Advocates Talk About the Battered Women's Movement* (Vancouver: Women's Research Center, 1995).

Capítulo 3:
¿Dónde busco apoyo espiritual?
[1] De la entrevista de clérigo 342.
[2] De la entrevista de clérigo 388.
[3] Basado en la entrevista de clérigo 394.

Capítulo 4:
¿Qué clase de ayuda puedo hallar en la comunidad?
[1] Esta historia fue contada a Catherine Clark Kroeger; el nombre de la mujer ha sido cambiado.

Capítulo 5:
¿Cómo emprendo el camino hacia la sanidad?
[1] Basado en entrevista de clérigo 663.

² Basado en entrevista de clérigo 686.
³ Basado en entrevista de clérigo 653.
⁴ Basado en entrevista de clérigo 618.
⁵ Basado en entrevistas de clérigos 263, 120, 279, 396, 605, 658.
⁶ Basado en entrevistas de clérigos 279, 272, 388, 663, 394, 396, 376, 663.
⁷ Basado en una historia contada a Catherine Clark Kroeger.

Capítulo 6:
¿Cuáles son los pasos que puedo dar para seguir adelante?
¹ El nombre de la facilidad ha sido cambiado para proteger la confidencialidad.
² Su nombre ha sido cambiado. En la presencia del trabajador social responsable para ayudarla, esta mujer joven me dio permiso de contar su historia.
³ Grupo evangélico de enfoque 7; la historia contada a Nancy Nason-Clark, *The Battered Wife: How Christians Confront Family Violence* (Louisville, KY: Westminster John Knox, 1997), pp. 110-11.
⁴ Basado en entrevistas de clérigos 120, 294, 376, 396, 388, 342, 263, 279; reflexiones de las víctimas ("Because I took those vows...") de Nason-Clark, *Battered Wife*, p. xiv.
⁵ Para más información vea Nason-Clark, *Battered Wife*, cap. 6.
⁶ Tres mujeres del grupo de enfoque 7, citadas en Ibíd., p. 53.
⁷ Jill M. Hudson, *Congregational Trauma: Caring, Coping and Learning* (Bethesda, MD: Alban Institute, 1998).
⁸ Ibíd., p. 12.
⁹ Ibíd.
¹⁰ Ibíd.
¹¹ Harold Kushner, *When Bad Things Happen to Good People* (NY: Schocken, 1981), p.3.
¹² S. Rutherford McDill y Linda G. McDill, *Shattered and Broken: Abuse in the Christian Community: Guidelines for Hope and Healing* (Old Tappan, NJ: Fleming H. Revell, 1991).
¹³ Ibíd, p. 149.

[14] Vea Nason-Clark, *Battered Wife*, p. 53.

[15] Marie Fortune, "Forgiveness the Last Step", en *Abuse and Religion: When Praying Isn't Enough*, ed., Anne Horton y Judith Williamson (Lexington, MA: Lexington Books, 1988), pp. 215-20.

[16] Ibíd., p. 218.

[17] Ibíd., p. 220.[1] Así está escrita la versión hebrea de la historia, aunque la versión Septuagésima (la traducción de antiguo griego del Antiguo Testamento) reversa la historia y dice que los hermanos le traen un reporte malo acerca de José a su padre.

Capítulo 7:
¿Cómo puedo discernir qué clase de ayuda necesita mi abusador?

[1] Basado en entrevista de clérigo 277.

[2] Basado en una investigación hecha por Nancy Nason-Clark y Nancy Murphy.

[3] Larry Bennett y Oliver Williams, "Controversies and Recent Studies of Batterer Intervention Program Effectiveness", *Violence Against Women Online Resources* (recogido de <www.vaw.umn.edu> mayo 2002).

[4] Anne Horton y Judith Williamson, eds., *Abuse and Religion: When Praying Isn't Enough* (Lexington, MA: Lexington Books, 1988); Leslie Timmins, ed., *Listening to Thunder: Advocates Talk About the Battered Women's Movement* (Vancouver: Women's Research Center, 1995).

[5] Edward Gondolf, "A 30-Month Follow-up of Court-Referred Batterers in Four Cities", *International Journal of Offender Therapy and Comparative Criminology 44*, no. 1 (2000): 111-28.

[6] Murray Arnold Straus, Richard J. Gelles y Suzanne K. Steinmetz, *Behind Closed Doors: Violence in the American Family* (Garden City, NY: Doubleday/Anchor, 1980).

[7] James Ptacek, "How Men Who Batter Rationalize Their Behavior", en *Abuse and Religion: When Praying Isn't Enough*, ed., Anne Horton y Judith Williamson (Lexington, MA: Lexington Books, 1988), pp. 247-58).

[8] *Word in Life Study Bible* (Nashville, TN: Thomas Nelson, 1993), pp. 1240, 1250.

[9] Muchos peritos bíblicos no están convencidos por la evidencia, pero unos han observado estas ocurrencias y su implicación.

[10] Katharine Bushnell, *The Vashti-Esther Story,* (Piedmont, CA: publicado privadamente, 1945), pas., vea especialmente pp. 21-27; e.g., Esther 1.22; 5.4, 14; 7.7.

Capítulo 8:
¿Cómo aprendo a confiar en Dios otra vez?

[1] Esta comprensión vino cuando yo (Nancy) estaba escuchando un devocionario presentado por Rev. Cindy Halmarson en la Lutheran Health Care Association Annual Conference, "From Hurting to Healing", enero 18-20, 2002, Banff, Alberta, Canadá.

[2] Para más información, vea Nancy Nason-Clark, "Women, Abuse and Faith Communities: Religion, Violence and Provision of Social Welfare", en *Religion and Social Policy,* ed. Paula Nesbitt (Walnut Creek, CA: AltaMira, 2001), pp. 128-45.

[3] La información citada viene de mujer 1, grupo de enfoque 12; mujer 13, grupo de enfoque 2; mujer 2, grupo de enfoque 5; mujer 10, grupo de enfoque 5; cuatro mujeres hablando a la vez, grupo de enfoque 16; mujer 4, grupo de enfoque 7; mujer de la iglesia 63; cuatro mujeres hablando a la vez, grupo de enfoque 16; mujer de la iglesia 43; mujer 3, grupo de enfoque 7. Muchas de estas están citadas en Nancy Nason-Clark, *The Battered Wife: How Christians Confront Family Violence* (Louisville, KY: Westminster John Knox, 1997).

[4] Basado en entrevistas de clérigos 673, 618, 675, 614.

[5] Anne Horton, Melany Wilkins y Wendy Wright, "Women Who Ended Abuse: What Religious Leaders and Religion Did for These Victims", en *Abuse and Religion: When Praying Isn't Enough,* ed. Anne Horton y Judith Williamson (Lexington, MA: Lexington Books, 1988), pp. 235-46.

[6] Mary D. Pellauer, "A Theological Perspective on Sexual Assault", en *Sexual Assault and Abuse,* ed. Mary D. Pellauer, Barbara Chester y Jane Boyajian (San Francisco: Harper & Row, 1987), pp. 84-95.

[7] Mujer 2, grupo de enfoque 28; citada en Nason-Clark, *Battered Wife*, p. 108.

Apéndice 3

[1] Julie Ann Hilton, "Isaiah", en The IVP *Women's Bible Commentary*, ed. Catherine Clark Kroeger y Mary J. Evans (Downers Grove, IL: InterVarsity Press, 2002), pp. 368-69.

[2] D. J. Butler, copyright 1987 Mercy Publishing. Todos los derechos reservados, usado con permiso, CCLI licencia 148064.

ACERCA DE LAS AUTORAS

Nancy Nason-Clark es profesora de sociología en la Universidad de New Brunswick, en Fredericton, regresando a su hogar en Canadá tras completar su doctorado en la Escuela de Ciencias Económicas y Políticas, en Londres, Inglaterra.

Ella es autora de *The Battered Wife* [La esposa maltratada] (1997), y coautora con Catherine Clark Kroeger de la obra *No Place for Abuse* [No hay lugar para el abuso] (2001), y *Refuge from Abuse* [Refugio del abuso] (2004). Además, es coeditora de *Narraciones Feministas y Sociología de la Religión* (con Mary Jo Neitz, 2000) y *Understanding Abuse: Partnering for Change* [Cómo entender el abuso: Asociémonos para cambiar] (con M.L. Stirling, C.A. Cameron y B. Miedema, 2004). Ha publicado más de 75 artículos o capítulos en sus investigaciones. Además, dicta conferencias frecuentemente. Nancy ha sido invitada por importantes audiencias en el Caribe, Europa del Este, Australia, Asia y los Estados Unidos.

Nancy es editora de la revista *Sociology of Religion: A Quarterly Review*, por segunda vez. Fue presidenta de *Religious Research Association* y actualmente preside la *Association for the Sociology of Religion*.

Catherine Kroeger es calificada como profesora asociada adjunta del Gordon Conwell Theological Seminar. Es coautora de *No Place for Abuse: Biblical & Practical Resources to Counteract Domestic Violence*

[No hay lugar para el abuso: Recursos bíblicos para contrarrestar la violencia doméstica] (con Nancy Nason-Clark; Intervarsity Press, 2001) y editó con James R. Beck, *Healing the Hurting: Giving Hope and Help to Abused Women* [Cómo sanar a la herida: Brinde esperanza y ayuda a las mujeres maltratadas] (1998) y *Women, Abuse, and the Bible: How Scripture Can Be Used to Hurt or to Heal* [Las mujeres, el abuso y la Biblia: Cómo se pueden usar las Escrituras para herir o sanar] (1996), ambos publicados por Baker Book House. Además, es coeditora de IVP Women's Bible Commentary.

Printed in the United States
112238LV00001B/157-249/P

9 781602 552517